Dans la même collection :

Recettes paysannes en Aveyron

Recettes paysannes du Lot

Recettes paysannes du Périgord

Recettes paysannes du Gers

Recettes paysannes en Lozère

Recettes paysannes du Tarn

Recettes paysannes du Pays Basque

Recettes paysannes du Béarn

Recettes paysannes en Lot-et-Garonne

Recettes paysannes en Haute-Garonne

Recettes paysannes en Gironde

Recettes paysannes du Béarn

Hors collection :
Recettes Parisiennes

ISBN
Maquette Marc BÉZIAT

Les Moutiers - Avenue de Vabre - BP 3503 - 12035 Rodez cedex 9
Tél. 05 65 67 73 00 / Fax 05 65 67 73 01
web : www.editions-photogenie.com E-mail : info@editions-photogenie.com

Recettes paysannes en Provence

proposées et illustrées
par Marc BÉZIAT

GASTRO-PREFACE

Soleil de plomb, gosier en feu, et voilà que circulent des pétitions contre les cigales. Et pourquoi pas contre les conteurs provençaux qui de galéjades en calembredaines nous font croire que rien de ce qui se passe ou se fait en Provence ne peut être caché car essentiel au reste de l'humanité.

Essentiels l'olive, la lavande, l'amande, la bouillabaisse, l'aïoli, la rascasse, la Durance, la Méditerranée. Et qu'ils s'appellent Marius, Olive, Carmen, Mistral, Pagnol, Giono, Matisse, tous ont su faire que la Provence devienne indispensable à la terre entière. D'ailleurs, il suffit de mesurer la surface des terres se disant provençales pour s'en rendre compte. Mais que voulez-vous ? Elle est tellement généreuse, peuchère. Quant à la cuisine, tout le monde a un avis et chacun y va de son conseil et vous promet même de réussir là où personne n'oserait s'aventurer. Alors vous y allez, et c'est la cata… Mais c'est pas méchant, hé, juste une blague, pas plus.

Ce qui est sûr, c'est qu'on se demande comment tant de personnes peuvent se satisfaire d'une alimentation savamment enrobée de boîtes, cartons et plastiques quand une telle profusion de produits frais les entoure. Certainement pour ne pas avoir à faire la vaisselle. Car le temps n'est plus une excuse. Les produits sont d'une qualité irréprochable, ce qui réduit d'autant les temps de cuisson et disparaît aussi la nécessité de réaliser des sauces et autres apprêts goûteux pour dissimuler le manque de fraîcheur. Quant aux cuisines, elles sont équipées de matériel sophistiqué qui met la confection d'un plat à la portée de n'importe quel débutant. Non, vraiment, aucune excuse. Pas même le prix !

Et voici maintenant qu'une publicité télévisuelle vient conseiller de remplacer la pomme par un petit pot de crème parfumée avec je ne sais quoi pour guérir les enfants de l'obésité ! Qu'est-ce que je vous disais ? Qu'y a-t-il de plus simple et de plus sain qu'une pomme ? Recette : Prenez une pomme, essuyez-la, croquez à pleines dents. Mais non, ce serait trop facile. On se demande ce que fait la police ? Et puis, pourquoi accepte-t-on qu'il y ait des publicités entre les dessins animés ?

Allez, on se calme. On pose le faitout sur le coin du feu et on va se mettre sous le platane, là... Un petit verre de jaune, une assiette d'olives et on regarde pousser les fleurs en attendant que ça sente bon et qu'on passe à table. Alors, on n'est pas bien comme ça ? Qu'est-ce que tu veux de plus ?

Dans certaines de ces recettes, vous ne trouverez que peu d'indications quant aux quantités et aux temps de cuisson, simplement parce qu'à la campagne, on fait souvent avec ce que l'on a, et que le coup d'œil, l'odorat ou le goût restent nos meilleurs guides...

Mauresque

pastis
sirop d'orgeat
eau
glaçons

Il est de bon goût d'ajouter un trait de sirop d'orgeat dans son verre entre le pastis et l'eau. Décliné avec divers autres sirops, il devient "perroquet" avec celui de menthe ou "tomate" avec la grenadine.
Il aura toute sa saveur servi avec une eau à 4° sur une terrasse marseillaise ou à l'ombre d'un platane devant un mas. Consommez avec modération comme il est indiqué sur l'étiquette, il contient 45 % d'alcool.

Thierry et Lulu
Boulistes-pêcheurs et vice-versa

Sirop d'orgeat

500 g d'amandes douces
100 g d'amandes amères
20 cl d'eau de fleur d'oranger
2 kg de sucre
2 litres d'eau

Pour peler facilement les amandes séchées, il suffit de les mettre dans une casserole avec de l'eau froide, porter à ébullition, puis laisser frémir une petite minute. Il ne reste plus qu'à les presser pour qu'elles glissent facilement de leur enveloppe.
L'amande amère, légèrement plus petite que l'amande douce, est très toxique. On l'utilise en pâtisserie sous forme d'essence car son parfum est très fort.
Broyez les amandes au mixer en ajoutant de l'eau progressivement. Dans un saladier, mélangez avec de l'eau de fleur d'oranger. Filtrez au torchon. Dans une bassine à confiture, ajoutez le sucre et faites cuire jusqu'à la nappe. Retirez du feu et mettez en bouteilles.

Marinette
Moi, je vous le dis…

Anisette

1 morceau d'écorce de cannelle
20 g d'anis vert
1 ou 2 étoiles de badiane
1 bâton de réglisse
1 branche de fenouil
1 sirop de 250 g de sucre
1 litre d'eau-de-vie

Certes, ce n'est pas la recette des grandes maisons marseillaises, mais le faire soi-même n'en procure pas moins de plaisir.
Couvrez les ingrédients d'eau-de-vie et laissez macérer 1 mois avant de filtrer et dégustez à l'ombre des platanes allongé d'eau fraîche.
Variez la quantité de sirop pour avoir une boisson plus ou moins sucrée.

Philippe et Georgette
La retraite, mais pas trop loin du Vieux Port

Vin de cerises

1 kg de cerises avec le noyau
200 g de sucre
1 bâton de vanille
1/2 litre d'eau-de-vie
2 litres de vin rouge

Choisissez des fruits bien sucrés, sinon ajoutez un bâton de vanille à la préparation.
Faites cuire pendant une demi-heure les cerises avec le sucre et un verre d'eau puis filtrez.
Mélangez la moitié de ce jus avec l'eau-de-vie et laissez reposer pendant quinze jours.
Mélangez ce macérât au vin rouge. Servez bien frais en apéritif. Il se conserve environ 15 jours au réfrigérateur.
Vous pouvez préparer une plus grande quantité et réserver en bouteilles cachetées. Ainsi vous pourrez servir cet apéritif plus tard dans la saison.

Christian Richeda
Ferme-auberge - Le Vieux Pressoir

Vin d'orange

vanille ou cannelle
1 litre de vin blanc sec
20 cl d'eau-de-vie
1/4 de citron entier
2 oranges
10 morceaux de sucre

Faites macérer tous les ingrédient pendant un bon mois, les oranges coupées en quartiers en choisissant la gousse de vanille ou l'écorce de cannelle.

Vin de pêche

100 feuilles de pêcher
1 litre de vin rouge jeune
20 cl d'eau-de-vie
30 morceaux de sucre

Cueillez les feuilles au début de l'été. Faites macérer dans le vin et l'eau-de-vie pendant une semaine. Filtrez, sucrez, remuez de temps en temps et servez bien frais le mois suivant.

Marguerite Audier - Goûters à la ferme
Commanderie de Saint-Maymes

Cake aux olives

100 g d'olives vertes
3 tranches de jambon blanc
250 g de farine
1/2 poivron rouge
1/2 poivron vert
100 g de champignons de Paris
1 sachet de levure
4 ou 5 œufs
1 verre de vin blanc
1 verre d'huile d'olive
100 g de fromage râpé
sel, poivre

Dénoyautez les olives et coupez-les en rondelles.
Coupez les poivrons en petits dés. Emincez les champignons et coupez le jambon en petits morceaux.
Dans un grand saladier, battez les œufs avec la farine et le vin, puis incorporez tous les autres ingrédients. L'ordre importe peu pourvu que tout soit bien réparti.
Versez dans un moule beurré et déposez dans un four préchauffé à 175° pendant une heure.
Servez froid, en tranches, avec l'apéritif.

Christian Richeda
Ferme-auberge - Le Vieux Pressoir

Tapenade

olives bien mûres
câpres
anchois
huile d'olive
poivre

Tapeno désigne la câpre en provençal, bouton de fleur confit du câprier.
Dénoyautez les olives. Dessalez les filets d'anchois sous le robinet et levez l'arête. Egouttez les câpres. Arrosez d'huile d'olive et donnez 2 ou 3 tours de moulin à poivre. Passez au mixer. A vous de choisir la consistance : purée, mousse ou hachis. Gardez quelques jours pour que les parfums se mélangent.
Servez sur du pain grillé en apéritif, en accompagnement de crudités, ou pour lier la sauce d'un lapin ou un gigot rôti.
La tapenade était autrefois une purée de câpres et de filets d'anchois agrémentée d'un tout petit peu d'olive pour parfumer et colorer. Aujourd'hui la recette a été réinventée et certains y ajoutent du thon, de l'ail et quelques gouttes de cognac.

René Quenin
Huile d'olive - Moulin du Mas des Barres

Cake à la tapenade

100 g de tapenade
150 g de farine
3 œufs
2 cuillères à soupe de lait
1 cuillère à café rase de levure

Mélangez les œufs entiers avec la tapenade auxquels vous ajoutez la farine et la levure. Mélangez pour avoir une pâte bien homogène. Ajoutez le lait en fin pour assouplir. Versez dans un moule à cake huilé et enfournez une demi-heure (th. 6).

Marinette
Moi, je vous le dis…

Anchoïade

300 g d'anchois au sel
1 tête d'ail
poivre
1 cuillère à soupe de vinaigre
1 verre d'huile

Dessalez les anchois sous le robinet et levez l'arête. Epluchez l'ail. Mettez le tout dans un bol de mixer. Hachez à la consistance que vous aimez, mousse ou hachis, et servez sur des toasts à l'apéro.
A la maison, on pose le plat sur la table et chacun s'en sert pour agrémenter ses crudités.

Henri, Jean-Pierre et les autres
Patrons-pêcheurs à Saint-Tropez

Olives cassées à l'ancienne

La manière qui suit est traditionnelle, pourtant, la production actuelle en a adopté les principales caractéristiques. Récolter les olives à partir de septembre jusqu'à la mi-octobre.
Pour casser les olives, les frapper avec le fond d'un verre épais après les avoir disposées sur une planchette posée sur les genoux, le but étant d'éclater les chairs sans casser le noyau.
A partir de ce moment, ne plus les toucher avec les doigts ou un objet métallique car elles noirciraient et se ramolliraient. Utiliser des cuillères en bois. Les verser dans des pots de grès couvertes d'eau de source. Rincer en changeant l'eau matin et soir pendant 8 jours. Goûter pour en apprécier l'amertume. Egoutter les olives et peser. Préparer la saumure en faisant bouillir un litre d'eau avec 80 g de gros sel par kilo d'olives. Ajouter généreusement des tiges de fenouil sauvage, du thym, de la sarriette, mais pas de laurier. Laisser refroidir. Répartir les olives dans des bocaux. Couvrir largement de saumure. Déguster une semaine plus tard. Conservez à l'abri du soleil et de la chaleur jusqu'en décembre.

André Camous
Ferme de découverte - Mas de Gréoux

Olives des Beaux

Dès la fin du mois de février commence la taille des oliviers. C'est d'elle que dépendront la charge et le calibre des fruits.
La floraison a lieu fin mai. Pour la fécondation, l'abeille ne vient pas sur l'olivier, c'est le vent seulement qui propage les pollens, aussi, il faut espérer un air chaud et sec pour qu'elle réussisse. De nombreux parasites agressent les oliviers et il faut une surveillance constante pour aboutir à une belle récolte.
C'est à partir d'une date choisie collégialement par les producteurs que commence la récolte des olives. Elle se situe entre le début septembre et la mi-octobre. Deux variétés sont récoltées, la Saloninque puis la Béruguette. Elles sont cueillies une à une, à la main, entre 8 et 12 kilos à l'heure. Les fruits non récoltés mûriront jusqu'au mois de novembre et seront destinés à la production d'huile d'olive.
La production d'olives cassées des Beaux se situe entre 250 et 300 tonnes pour environ 1000 agriculteurs. Quelque 250 000 oliviers pour une appellation d'origine contrôlée.

André Camous
Ferme de découverte - Mas de Gréoux

Olives piquées

olives
sel, poivre
huile
2 feuilles de laurier

Lors de la cueillette des olives, on laisse les fruits sur 2 ou 3 arbres pour qu'ils continuent à mûrir et subissent quelques rigueurs de l'hiver jusqu'au début janvier.
Une fois cueillies, elles sont nettoyées puis piquées avec une fourchette. Mêlées de sel, elles s'égoutteront pendant une quinzaine de jours (plus elles resteront au sel, plus elles perdront de leur amertume).
Il ne reste plus qu'à les mettre dans un bol avec 2 feuilles de laurier, une tombée d'huile et 3 tours de poivre. Ce qui restera servira à faire une tapenade.

René Quenin
Huile d'olive - Moulin du Mas des Barres

Huile d'olive

Après la cueillette des olives destinées à la confiserie, vient le tour des olives restantes, gorgées d'huile. Comme pour la confiserie la chronologie commence par la Saloninque. Elle est le liant des arômes que livreront les autres variétés, la Béruguette, la Verdanne, enfin la Grossanne.
Les vergers familiaux constituant une économie d'appoint viennent s'ajouter à la production agricole. Pour la récolte, on peigne les arbres avec de grands râteaux et, à cette occasion, on mange en famille ou entre amis, dans le verger. Les olives sont stockées dans les greniers du moulin pour les remonter à une température de 25°, n'oublions pas que nous sommes en hiver. Lavées, débarrassées des branches, des feuilles, de la terre, elles sont broyées avec le noyau qui contient arôme et conservateurs naturels, puis sont pressées dans les 48 heures. La pâte est longuement malaxée pour être homogénéisée. Par pressurage, on sépare les jus de la matière solide appelée le grignon, et utilisé comme engrais au pied des oliviers. Par centrifugation,

on sépare l'huile des eaux de végétation, la margine qui est elle aussi utilisée en engrais.
Durant les deux mois de pressurage, les différentes olives auront fourni une grande variété d'arômes qui seront assemblés pour fournir une huile fruitée aux parfums subtils.
La Saloninque d'un haut rendement, au goût de pomme verte, révélera les arômes de l'Aglandau appelée ici Béruguette, au goût de feuille d'artichaut ; la Verdane et la Picholine si proches des parfums de foin fraîchement coupé; enfin la Grossane et son gros noyau qui va donner un subtil goût de noisette. Au-delà du goût, la richesse de l'huile d'olive en acides poly-insaturés, en vitamine E et autres éléments minéraux en fait un produit d'une réelle valeur sanitaire. Ses bienfaits sont multiples depuis le renforcement osseux à la lutte contre le vieillissement en passant par un nettoyage en règle du système cardio-vasculaire. En utilisant les huiles des moulins, vous vous faites du bien dehors et dedans.

René Quenin
Huile d'olive - Moulin du Mas des Barres

Missouninques

En été, dans les champs, au bord des routes, on trouve de petits escargots à la coquille blanchâtre à peine rayée, le plus souvent sur les branches de fenouil.
Lavez-les rapidement avant de les plonger dans un bouillon parfumé de fenouil.
Servez-les au moment de l'apéritif arrosés d'une vinaigrette.

Françoise Peytavin
Ferme équestre - Mas de Capellane

Œufs durs à la tapenade

Faites durcir deux œufs par personne. Après les avoir écalés, coupez-les en deux. Récupérez les jaunes et émiettez-les sur une assiette. Mélangez avec de la tapenade et garnissez bien bombés les blancs. Servez avec une salade verte aillée.

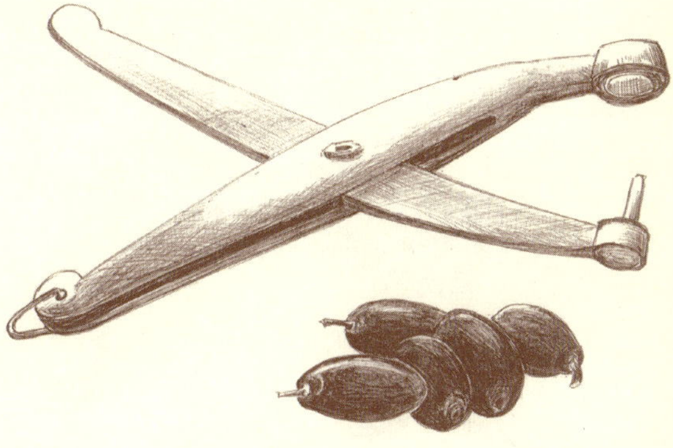

René Quenin
Huile d'olive - Moulin du Mas des Barres

Salade verte aillée

salade verte
vinaigrette
ail
sel, poivre

Préparez une vinaigrette avec une cuillère de vinaigre de vin pour 3 d'huile d'olive. Salez, poivrez et parsemez d'un hachis d'ail. La quantité dépend du plaisir que vous prenez à son goût.

Astuce : si vous ne retrouvez pas le presse-ail ou n'en avez jamais eu, râpez l'ail à plat sur les dents d'une fourchette.

Marinette
Moi, je vous le dis…

Poivron
à l'huile d'olive

poivrons rouges
huile d'olive
sel, poivre
une pointe d'ail

Pour peler les poivrons, mettez-les sur la plaque au four bien chaud. La peau se boursoufle, noircit et se craquelle. Comptez une bonne demi-heure, peut-être un peu plus. Mettez-les tous dans le sac plastique de vos courses, fermez-le bien et laissez refroidir pour pouvoir travailler sans vous brûler par la suite. Vous pouvez alors enlever la peau, le trognon et les graines. Ils vont se découper facilement en lamelles. Préparez un vinaigrette dans le fond d'un plat en terre ou en verre et versez les lamelles de poivrons. Couvrez d'huile et gardez au frais. D'une grande fraîcheur, c'est l'entrée idéale des repas d'été.

Françoise Fayet
Les plus beaux légumes du Midi

Soupe au pistou

Pour 6 à 8 personnes :
6 litres d'eau environ
1 kg de haricots cocos blancs à écraser
1 kg de haricots rouges à écraser
800 g à 1 kg de haricots verts
6 pommes de terre
2 belles courgettes
3 branches de céleri
2 à 3 poireaux
3 tomates bien mûres
500 à 600 g de poitrine salée en dés
2 oignons, une tête d'ail
une belle branche de basilic
sel, poivre
huile d'olive

La soupe au pistou est le plus beau fleuron de la cuisine provençale de par son goût, ses couleurs et ses parfums. Le mélange très subtil de l'ail, du basilic et de l'huile d'olive en fait un plat digne des dieux.
Dans une marmite correspondant au volume d'eau de 6 litres, faire revenir dans de l'huile d'olive les oignons, le petit salé en dés, les tomates épépinées et pelées. Pendant ce temps éplucher tous les légumes et couper en petits

morceaux les haricots verts, carottes, pommes de terre, courgettes, poireaux et céleri (c'est ce qui d'ailleurs prend le plus de temps dans la réalisation de ce plat).
Une fois l'ensemble (oignons, salé et tomates) prêt, y rajouter tous les légumes et faire rissoler rapidement. Ajouter alors le volume d'eau en couvrant largement tous les légumes, saler, poivrer et mettre une bonne poignée de feuilles de basilic. Laisser cuire 1 heure (voir si les haricots rouges et blancs sont cuits).
Durant ce temps, piler dans le mortier l'ail, le basilic et l'huile d'olive. Faute de mortier, on peut se servir du mixer. Le résultat est le même mais il n'y a pas le même plaisir. Ce mélange - ail, huile, basilic, auquel on aura pris soin d'ajouter du parmesan ou du gruyère râpé (200 g) , c'est le pistou.
Il y en a qui y rajoutent des vermicelles assez gros ou des spaghettis coupés en petits morceaux. Pour ma part, je me contente de la soupe, en fin de cuisson je trouve qu'elle est d'une bonne consistance et ne mérite pas d'y rajouter des pâtes. Cette soupe se sert bien chaude et je présente le pistou à part dans une saucière et chacun arrose son assiette de soupe avec cette sauce et déguste ce bon potage un peu particulier mais, oh, combien agréable et goûteux.

Liliane Caizergue
Auberge paysanne - La Crémaillère

Aïoli

Pour 8 personnes :

8 grains d'ail
1 œuf
1 litre d'huile d'olive
sel, poivre

Sans doute une des sauces les plus célèbres de Provence. Commencez par prendre le temps. On ne peut réussir une sauce quelle qu'elle soit si l'on est pressé, encore moins un aïoli. Choisissez de l'ail blanc, plus doux que le violet, semble-t-il. Epluchez et enlevez le germe, c'est plus digeste. Peut-être avez-vous la chance de posséder un mortier en marbre ? Pourtant, en bois, il conviendra parfaitement.

Commencez à piler l'ail avec une pincée de sel et une de poivre, jusqu'à ce que vous ayez une pommade au fond du mortier. Ajoutez alors le jaune d'œuf tout en continuant à piler. Puis laissez filer l'huile d'olive en pilant toujours, sans arrêt. Si c'est réussi, le pilon tient debout

dans son milieu ; si c'est *cagué,* c'est sans doute que l'ail, l'huile et l'œuf n'étaient pas à la même température.
Recommencez avec une cuillère du fond que vous avez et ré-incorporez avec un filet d'huile, cuillère après cuillère. Servez avec une viande ou un poisson froid.

René Quenin
Huile d'olive - Moulin du Mas des Barres

Herbes de Provence et bouquets garnis

Le fenouil sauvage : on utilise surtout sa tige. Il s'associe particulièrement bien aux poissons, pourtant ne l'utilisez que si le poisson a plusieurs jours de glace car s'il est frais aucune herbe, pas même le fenouil ne se justifie.

Le laurier : l'exemple même de l'abus. Dans tous les plats et sauces, même dans les confits, peut-être dans quelques confitures ? Quelqu'un a-t-il osé... quand une feuille suffit à parfumer la maison.

L'estragon : n'utilisez qu'avec parcimonie car son parfum et sa saveur sont très forts. Donne un goût certain aux marinades.

La marjolaine ou origan : d'un arôme proche du thym bien que plus subtil, elle entre dans la composition de nombreuses sauces.

Le basilic : utilisez-le frais. Son parfum poivré n'apparaissait autrefois que dans le pistou. Il a conquis maintenant tous les recoins de la cuisine.

La ciboulette : elle donne, avec douceur, des parfums d'ail et de poireau.

Le persil : la panacée de la cuisine française et bien sûr provençale. Utilisez celui à feuille plate et large. Moins décoratif mais bien plus parfumé que le frisé.

Le romarin : de la famille du thym, son action est bien plus violente. Evitez d'en abuser sinon pour associer à des viandes fortes en goût.

Le safran : c'est une poudre obtenue à partir des stigmates des fleurs de crocus, attention, pas celui d'agrément. Un pêcheur m'a dit qu'il l'achetait en pharmacie, il est de meilleure qualité !

La sauge : "qui a de la sauge au jardin n'a pas besoin de médecin". Elle s'utilise sèche pour piquer un rôti par exemple.

On ne met pas toujours le même bouquet dans tous les plats, pas plus qu'on ne met un peu de chaque plante.
Associez la sauge au persil pour un sauté de porc, le laurier à la sarriette avec un gibier, thym et romarin avec du mouton.

Claude Pirié
Coureur des bois

Repas et traditions de Noël

En Provence, les fêtes commencent le 4 décembre et se terminent le 2 février. Lors des cérémonies, des enfants portent alors dans une soucoupe "le blé de la Sainte-Barbe", symbole de belles récoltes à venir.

La table du gros souper ou *la taulo dou gros soupa*. Ce repas se doit de rassembler toute la famille. Sur la table, trois nappes posées l'une sur l'autre ! Certainement un autre symbole auquel s'attachent plusieurs propositions. Célébrer Jésus, Marie et Joseph d'une part ou tout simplement (si l'on peut dire) assurer trois services au cours du repas ou encore dresser la table pour les trois jours à venir et les trois repas successifs : gros souper du 24, décembre du 25 et du 26, on enlèverait la nappe qui aurait servi après chaque repas, ce qui expliquerait que l'on évite les plats en sauce.

Le menu du gros souper, *lou rebalun dou gros soupa*. Au menu, sept plats maigres, chiffre symbole, représentant soit les sept douleurs de la Vierge Marie soit les sept plaies du Christ.

Frédéric Mistral ou Antoine de Beaucaire évoquent les escargots, la morue frite, le muge aux olives, les cardes, le céleri à la poivrade,le gratin d'épinards et le gratin de courge.

Le soir de Noël le grand souper avait lieu après la messe de minuit. Quant au nombre 13, il symbolise, sans doute, le repas de la Cène où se trouvaient réunis les douze apôtres autour de Jésus. Ce sont des desserts simples et rustiques qui seraient oubliés depuis longtemps sans le rituel qui les entoure.

C'est une longue liste parmi laquelle certains sont indéracinables : la pompe à l'huile, appelée aussi "gibassié", le nougat noir et blanc. Amandes, figues sèches, raisins secs et noisettes constituent les 4 mendiants, car leur couleur évoque la robe des quatre ordres religieux mendiants : dominicains, franciscains, carmes et augustins. Les fruits frais, pommes, poires, oranges, mandarines, melon vert. Les fruits séchés, pruneaux, raisins secs, poires et abricots secs... sans parler des confiseries, fruits confits, calissons, pâtes de coing et des pâtisseries, oreillettes, beignets de pommes... Les desserts sont généralement servis avec le vin cuit que vous trouverez dans les épiceries fines provençales.

La place du pauvre. Dans chaque famille, on réservait une place à sa table pour accueillir un pauvre. Une part lui était réservée et on lui donnait une miche de pain.

La cérémonie de la bûche, *lou cacho fio*. C'était une grosse bûche que l'on déposait dans le foyer et qui brûlait dans la cheminée pendant trois jours après que le plus âgé et le plus jeune de la famille lui aient fait faire trois fois le tour de la table sur laquelle se tiendraient les trois repas.

Liliane Caizergue
Auberge paysanne - La Crémaillère

Aïgo boulido

Pour 4 personnes :

1 litre d'eau
1 tête d'ail
3 branches de sauge
croûtons de pain grillé
huile d'olive
fromage râpé

Sa réputation en fait le remède principal contre la grosse fatigue qui s'abat sur vous le lendemain de fête, plus connue sous la dénomination de *gueule de bois*.
Dans l'eau bouillante, jetez les grains épluchés d'une tête d'ail. Laissez cuire et, une minute avant de servir, ajoutez les brins de sauge. Une tranche de pain grillé au fond de l'assiette, versez le bouillon, un filet d'huile et du fromage râpé si vous aimez.
Ne laissez pas infuser la sauge trop longtemps, elle donnerait trop d'amertume au bouillon.

René Quenin
Huile d'olive - Moulin du Mas des Barres

Sauce tomate

1 kg d'oignons
2 kg de tomates
sel, poivre
laurier
2 cuillères à soupe de sucre en poudre
1 g d'acide salicylique par litre

Emincez les oignons. Pelez, épépinez et coupez grossièrement les tomates. Versez tous les ingrédients dans une cocotte en fonte (sans l'acide) et faites cuire pendant 2 heures.
Pour la conserver, ajoutez à la sauce un gramme d'acide salicylique dans chaque flacon d'un litre. Vous le trouverez en pharmacie et il est judicieux de s'en munir suffisamment car on ne peut prévoir la quantité finale et son prix ne justifie pas son économie.

Marinette
Moi, je vous le dis...

Coulis de tomate

500 g de tomates
1/2 oignon
1 brin de thym
1 feuille de laurier
sel, poivre

3/4 d'heure de cuisson sont nécessaires. Dans une casserole, faites fondre des tomates pelées et épépinées avec l'oignon haché grossièrement. Salez, poivrez et ajoutez le thym et le laurier. Faites cuire à couvert pour ne pas dessécher.

Marinette
Moi, je vous le dis…

Sauce à l'ail

crème fraîche
sel, poivre
muscade
gousses d'ail cuites

Lorsque vous mettez de l'ail en chemise (sans les éplucher) dans le plat d'un rôti, récupérez les gousses et pressez-les. Réduisez en purée dans le mortier et ajoutez de la crème fraîche. Faites cuire dans une petite casserole sur un petit feu avec sel, poivre et une pointe de noix de muscade. Servez en saucière avec une viande rôtie ou grillée.

Marinette
Moi, je vous le dis…

Beurre persillé

100 g de beurre
3 gousses d'ail
2 échalotes
un bouquet de persil
sel, poivre

Laissez le beurre hors du réfrigérateur pour qu'il se ramollisse. Pilez les herbes au mortier et incorporez le beurre par petits morceaux.
Utilisez ce beurre pour farcir moules, clovisses et autres escargots.

Beurre d'anchois

100 g de beurre
10 filets d'anchois
1 brin de persil et 1 de fenouil
une cuillère de moutarde

Levez l'arête et la peau des anchois. Pilez au mortier avec les herbes et incorporez le même poids de beurre que les autres éléments.

Philippe et Georgette
La retraite, mais pas trop loin du Vieux Port

Sauce au basilic

1 bouquet de basilic
2 à 3 gousses d'ail, 1 oignon
1 sauce tomate (voir page 36)
1 tomate bien mûre
1/2 verre de vinaigre
sel, poivre
huile d'olive

Vous pouvez réaliser cette sauce au mortier ou au mixer, le risque étant de mettre trop d'huile. Hachez séparément l'oignon, l'ail, la tomate et le basilic. (Prenez du basilic avec de grandes feuilles qui est plus parfumé) . Dans le mortier, commencez par réduire l'ail en pommade avec une cuillère à café rase de sel. Toujours sous le pilon, ajoutez l'oignon et le basilic et faites couler le vinaigre. Versez ensuite la tomate hachée et le coulis. Quand tout est bien pilé, commencez à monter la sauce en ajoutant l'huile d'olive.
Quand il y a trop d'huile et que la sauce ne tient pas, vous devez la conserver car si elle n'est pas très présentable elle n'en a pas perdu pour autant sa saveur.

Caroline et Vincent Soulat-Cornille
Ferme-auberge - Mas des Vertes Rives

Rouille

1 jaune d'œuf
1 cuillère à café de moutarde
1 pointe de safran
2 gousses d'ail
1/2 cuillère à café de piment en poudre
huile d'olive
sel, poivre

Il existe plusieurs variantes à cette préparation, en voici une.

Pilez l'ail avec le piment, le jaune d'œuf et la moutarde. Puis, comme vous le feriez pour une mayonnaise, battez au fouet en ajoutant l'huile progressivement. Vous pouvez ajouter une pointe de safran pendant la préparation. Une pointe correspond à ce qu'il reste sur la pointe du couteau quand vous le plongez et le ressortez d'un produit réduit en poudre.

Christian Richeda
Ferme-auberge - Le Vieux Pressoir

Rouille des pêcheurs

5 piments oiseau
une pincée de gros sel
un jaune d'œuf
une pomme de terre
un bol de soupe de poisson
huile d'olive

Commencez par faire cuire la pomme de terre épluchée dans la soupe de poisson pour qu'elle s'imprègne des parfums du bouillon et laissez-la refroidir.

Pendant ce temps, dans un mortier, réduisez en poussière le piment et le sel. Quand la pomme de terre et le bouillon sont froids, coupez-la en morceaux grossiers dans le mortier et versez un peu du bouillon. Ajoutez encore le jaune d'œuf et continuez à piler en faisant couler un filet d'huile jusqu'à obtenir une pommade.

Cette rouille a une meilleure tenue sur le pain grillé quand vous déposez le croûton sur la soupe de poisson.

Autrefois les pêcheurs ajoutaient encore le foie de la rascasse.

Henri, Jean-Pierre et les autres…
Patrons-pêcheurs à Saint-Tropez

Rouille au lait

3 gousses d'ail
1 piment oiseau
tranche de pain rassis
lait
huile d'olive
sel, poivre

Epluchez les gousses d'ail et pilez-les au mortier avec le piment épépiné. Trempez la mie de pain dans le lait et ajoutez-la dans le mortier après l'avoir pressée. Continuez à piler et versez doucement l'huile d'olive. Terminez avec un peu de bouillon de poisson ou du plat que vous avez préparé. Gardez la rouille bien ferme. Servez avec des tranches ou des croûtons de pain grillé.

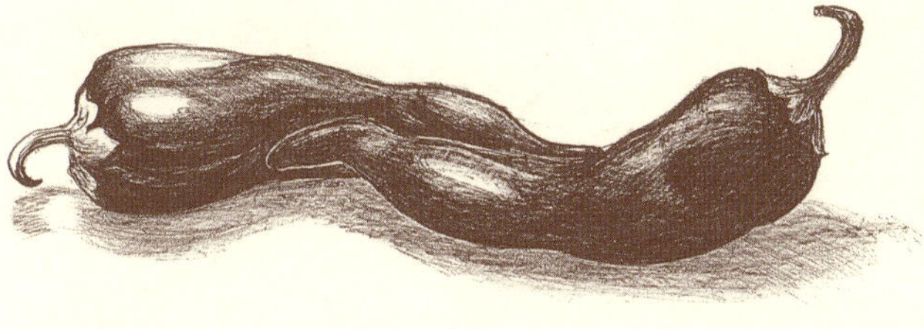

Marinette
Moi, je vous le dis…

Fromage de chèvre pané

1 fromage par personne
1 œuf
chapelure
huile
salade verte

Choisissez un fromage en début d'affinage (5 à 6 jours). Battez l'œuf dans une assiette et étalez la panure dans une autre.
Après avoir coupé les fromages en deux tranches, passez-les alternativement dans chaque assiette et faites-les frire dans la poêle avec un peu d'huile.
Vous pouvez servir en entrée avec une salade, mais c'est aussi très bon avec une ratatouille.

Marguerite Audier - Goûters à la ferme
Commanderie de Saint-Maymes

Fromage frais à l'aubergine

1 faisselle de chèvre
500 g d'aubergines
1 ou 2 gousses d'ail
sel, poivre, basilic

Epluchez et faites cuire les aubergines dans de l'eau. Laissez-les s'égoutter longuement car elles contiennent beaucoup d'eau. Ecrasez à la fourchette et mélangez avec l'ail et la faisselle. Ajoutez quelques feuilles de basilic fraîches et assaisonnez de sel et de poivre.
Servez bien frais pour que chacun fasse sa tartine et accompagnez d'un verre de rosé de Provence bien frais.
Vous pouvez faire la même chose avec l'avocat.

Marguerite Audier - Goûters à la ferme
Commanderie de Saint-Maymes

Farcis de poivrons

Pour 4 personnes :

6 petits poivrons
4 gousses d'ail
4 ou 5 filets d'anchois
50 g d'olives noires
2 ou 3 feuilles de menthe
sel, poivre
huile d'olive

Epépinez deux des poivrons et coupez-les en petits dés. Dans une poêle, faites-les fondre pendant 10 minutes avec les gousses d'ail écrasées et de l'huile d'olive. Salez, poivrez. Découpez le trognon des quatre derniers poivrons. Otez les graines. Salez, poivrez l'intérieur. Emplissez-les de feuille d'alu pour les garder en forme.
Placez-les sous le gril du four ou sur le gril du barbecue. Faites cuire pendant 8 à 10 minutes en les tournant à plusieurs fois. Faites un hachis avec les filets d'anchois dessalés, les olives dénoyautées, la menthe et l'ail cuit. Ajoutez de la mie de pain pour donner un volume suffisant à la farce. Liez avec l'huile d'olive. Enlevez l'alu et garnissez les poivrons. Chauds ou froids avec une viande grillée, bon appétit !

Françoise Fayet
Les plus beaux légumes du Midi

Poivrons farcis

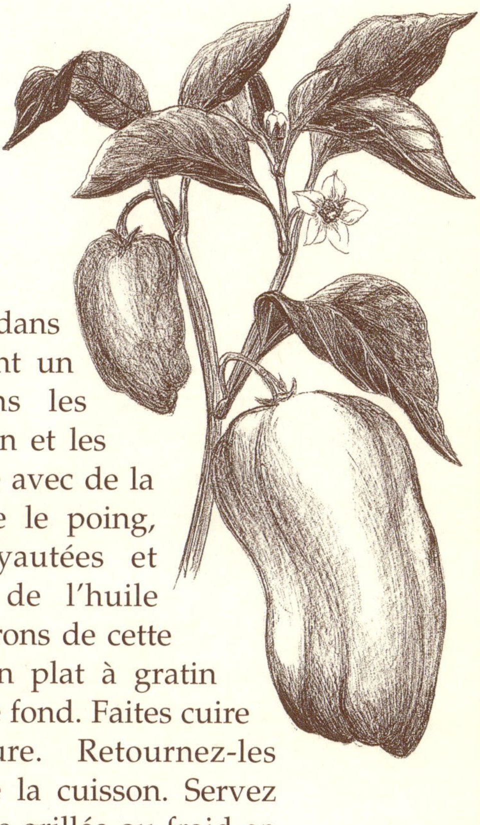

1 poivron par personne
100 g d'olives noires
1 gousse d'ail
huile d'olive
sel, poivre
mie de pain

Plongez les poivrons dans de l'eau bouillante pendant un quart d'heure puis, sans les déchirer, enlevez le trognon et les graines. Préparez une farce avec de la mie de pain, gros comme le poing, ajoutez les olives dénoyautées et hachées, l'ail écrasé et de l'huile d'olive. Garnissez les poivrons de cette farce, disposez-les dans un plat à gratin avec un peu d'huile dans le fond. Faites cuire au four une demi-heure. Retournez-les plusieurs fois au cours de la cuisson. Servez bien chaud avec une viande grillée ou froid en entrée.

Marinette
Moi, je vous le dis…

Fougasse au lard

500 g de farine, 25 cl d'eau
10 g de sel, 10 g de levure
50 g de beurre en pommade
50 g de lard en fine lamelles

Pour le levain :
185 g de farine
10 g de levure du boulanger
75 g d'eau tiède

Préparez le levain la veille en mélangeant et laissant dans un bol couvert d'un linge dans unendroit tempéré durant toute une nuit. Mélangez la farine, le sel et la levure délayée dans un peu d'eau. Quand la pâte s'assouplit, incorporez le beurre (ou l'huile d'olive) et ajoutez peu à peu le levain. Incorporez le lard. Couvrez la pâte. Laissez reposer pendant 2 heures. Faites des boules d'environ 80 g et laissez reposer encore une demi-heure. Abaissez au rouleau pour donner une forme ovale de 5 à 8 mm d'épaisseur. Déposez sur des plaques de four huilées. Laissez reposer pendant 2 heures. Entaillez-les dans la longueur avec la pointe du couteau. Faites cuire à 200° pendant 30 minutes.

Marinette
Moi, je vous le dis…

Tarte aux asperges

Pour 6 personnes :
500 g d'asperges vertes
1 tranche de jambon cru
150 g de gruyère
30 cl de crème fraîche
3 œufs, sel, poivre

Pour la pâte brisée :
250 g de farine
125 g de beurre
20 cl d'huile
1 pincée de sel

Mélangez la farine, le beurre ramolli, l'eau et le sel. Laissez reposer 30 minutes.
Pelez les asperges et jetez la partie la plus dure. Faites-les blanchir à l'eau. Préchauffez le four à 180°. Taillez des petits morceaux de jambon et le fromage en lamelles. Faites une abaisse dans un plat à tarte beurré, piquez-la avec une fourchette et parsemez de jambon et de fromage. Répartissez les asperges par dessus. Battez les œufs en omelette avec la crème fraîche. Salez et poivrez. Versez sur les asperges et faites cuire 35 à 40 minutes. Servez chaud ou tiède.

Françoise Fayet
Les plus beaux légumes du Midi

Tarte à la tomate

pâte brisée (voir p 49)
5 grosses tomates
herbes de Provence
sel, poivre
huile d'olive
1 pot de moutarde

Préparez la pâte brisée. Découpez les tomates en rondelles dans leur largeur et enlevez les pépins et la peau.
Foncez le moule avec la pâte, piquez-la avec les dents d'une fourchette et étendez une généreuse couche de moutarde. Répartissez les rondelles de tomates en rosace, arrosez d'huile d'olive et parsemez d'herbes avec modération.
Faites cuire 20 minutes (th. 7).

Françoise Fayet
Les plus beaux légumes du Midi

Tarte aux crottins

pâte brisée
4 crottins de chèvre affinés
thym, sarriette
sel, poivre
huile d'olive

Préparez la pâte brisée (voir p 49). Détaillez les crottins en rondelles de 5 mm. Répartissez-les sur la pâte. Assaisonnez de sel et de poivre, saupoudrez d'herbes et arrosez d'huile d'olive.
Servez chaude en entrée avec une salade verte.
C'est aussi une façon d'accommoder les restes de différents fromages. De leur variété peut résulter un goût surprenant.

Thierry et Lulu
Boulistes-pêcheurs et vice-versa

Pizza familiale

Pour la pâte :
250 g de farine
1 sachet de levure du boulanger
3 cuillères à soupe d'huile d'olive
15 cl d'eau
1 pincée de sel

Pour la garniture :
Coulis de tomate (voir p 37)
olives noires
10 filets d'anchois
2 tranches de jambon blanc
fromage râpé

Préparez la pâte une ou deux heures avant en mélangeant tous les ingrédients. Laissez reposer dans une pièce à 20° dans un saladier avec un torchon propre par dessus.
Sur une plaque de four rectangulaire, étendez la pâte au rouleau (finissez à la main) et recouvrez-la de coulis. Sur une moitié de la plaque déposez joliment anchois et olives, sur l'autre des petits morceaux de jambon. Parsemez la partie jambon de râpé. Cette moitié constituera la portion pour les enfants, l'autre, celle des parents. Cuire 20 minutes (th. 7).

Françoise Fayet
Les plus beaux légumes du Midi

Pissaladière

Pour la pâte :
200 g de farine
50 g de beurre ramolli
1 verre d'huile
1 pincée de sel

Pour la garniture :
500 g d'oignons
filets d'anchois
olives vertes
olives noires
huile d'olive

Sur une plaque huilée, faites une abaisse de toute la pâte. Parsemez avec les oignons crus émincés très finement. Disposez des filets d'anchois en étoile ou comme vous le voudrez, mais après les avoir dessalés et levé l'arête. Garnissez d'olives et arrosez d'un filet d'huile d'olive. Faites cuire au four à 200°, 35 minutes.

Thierry et Lulu
Boulistes-pêcheurs et vice-versa

Gougères

80 g d'eau
90 g de farine
75 g de beurre
3 œufs
1 pincée de sel
100 g de fromage râpé

Commencez par préparer une pâte à chou, mais sans sucre. Dans une casserole, faites chauffer l'eau avec le beurre et le sel. Quand l'eau bout, versez la farine d'un seul coup et tournez sans arrêt pour sécher la pâte jusqu'à ce qu'elle ne colle plus aux bords de la casserole. Hors du feu, incorporez les œufs entiers l'un après l'autre. Incorporez 3/4 du fromage râpé et dressez la pâte en couronne sur une plaque allant au four. Saupoudrez du râpé restant et faites cuire une demi-heure au four (th. 7).

Philippe et Georgette
La retraite, mais pas trop loin du Vieux Port

Gougères aux légumes

pâte à chou (voir page précédente)
1 poivron rouge pelé, épépiné, taillé en julienne
1 oignon haché gros
5 ou 6 cornichons en rondelles
2 grains d'ail écrasés
4 ou 5 filets d'anchois dessalés
une dizaine d'olives dénoyautées

Préparez une pâte à chou et laissez-la refroidir. Préparez les légumes comme il est dit au-dessus et faites-les blondir à la poêle dans un peu d'huile. Laissez refroidir. Préchauffez le four (th. 7).
Mélangez les légumes avec la pâte et disposez en petites boules sur une plaque de four. Faites cuire jusqu'à ce que les choux gonflent en prenant une belle couleur dorée. Servez encore tièdes.

Philippe et Georgette
La retraite, mais pas trop loin du Vieux Port

Tomates
à la provençale

2 ou 3 tomates par personne
ail, persil
sel, poivre
1 verre d'huile d'olive

Coupez les tomates par le milieu dans la largeur et épépinez-les. Dans une poêle, faites chauffer l'huile d'olive. Déposez les moitiés de tomates sur la tranche. Couvrez et laissez cuire 15 minutes. Retournez-les hors du feu. Parsemez d'ail et de persil haché, assaisonnez de sel et de poivre. Remettez sur le feu pas trop vif et laissez cuire pendant 1 heure. La cuisson est lente. Ajoutez de temps en temps quelques gouttes d'eau froide.
Pour celles et ceux qui craignent l'acidité des tomates cuites, il y a deux solutions. Soit les cuire au four en ajoutant alors de la chapelure. Soit les saupoudrer de sucre ou de curry, mais juste une pointe de couteau.

Françoise Fayet
Les plus beaux légumes du Midi

Flan aux asperges

Pour 6 personnes :

500 g d'asperges
4 œufs
200 g de crème fraîche
1 gousse d'ail
beurre
2 cuillères à soupe d'huile
sel, poivre
noix de muscade

Coupez les asperges en deux dans le sens de la longueur puis en petits cubes. Faites-les revenir à la poêle 7 à 8 minutes avec une noix de beurre. Ajoutez l'ail écrasé, salez et poivrez. Laissez-les refroidir. Préchauffer le four à 200°. Battez les œufs avec la crème fraîche, assaisonnez de sel et de poivre. Râpez un peu de noix de muscade et ajoutez les asperges froides. Mélangez l'appareil et versez dans un plat à soufflé. Déposez-le dans un bain-marie. Enfournez et laissez cuire pendant 20 minutes. Démoulez avant de servir.

Didier et Jacqueline
Peintres gourmands

Flan d'épinards

500 g d'épinards
1/2 litre de béchamel
thym, laurier, muscade
4 œufs, 50 g de beurre
sel, poivre

Choisissez les feuilles les plus tendres. Faites-les blanchir dans l'eau bouillante salée parfumée de thym et de laurier, pendant un quart d'heure. Egouttez et hachez grossièrement.
Préparez la béchamel, pour cela faites fondre une noix de beurre dans une casserole sur un feu doux. Ajoutez progressivement 3 cuillères à soupe de farine, puis toujours en fouettant, un demi-litre de lait. Laissez à petit feu une dizaine de minutes puis ajoutez une autre noix de beurre et laissez fondre sans cuire, salez, poivrez. Ajoutez les épinards, râpez un peu de muscade et faites cuire à couvert sur un feu doux pendant un quart d'heure. Battez les œufs en omelette, versez dans la casserole et mélangez. Versez le tout dans un moule et faite cuire 3/4 d'heure au bain-marie. Servez chaud avec un coulis de tomate ou froid avec une mayonnaise.

Marinette
Moi, je vous le dis...

Ratatouille

300 g d'oignons
1 poivron rouge
2 poivrons verts
1 kg de courgettes
800 g d'aubergines
700 g de tomates
huile d'olive
4 à 5 gousses d'ail
sel, poivre

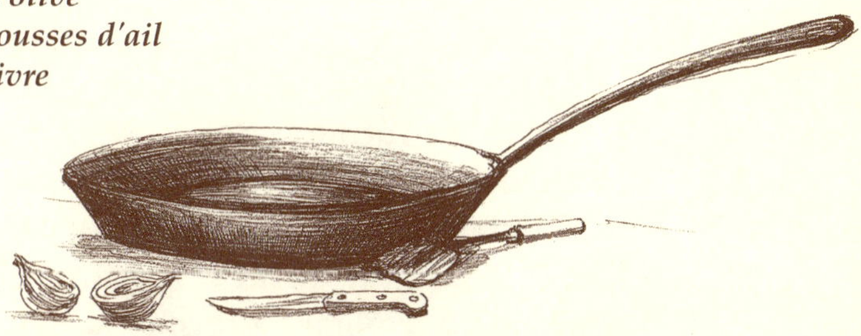

Lavez et essuyez les légumes. Epluchez les oignons, les poivrons, les tomates et coupez-les en morceaux. Faites cuire séparément chaque légume dans 3 ou 4 cuillères à soupe d'huile d'olive. Laissez-les fondre doucement pendant 15 à 20 minutes sur un feu moyen. Mettez ensuite tous les légumes dans une grande casserole et laissez cuire encore 30 minutes assaisonné de sel, de poivre et d'ail. Servez bien chaud avec un côte de Provence.

Françoise Fayet
Les plus beaux légumes du Midi

Tian de courgettes

1 oignon
2 ou 3 branches de thym
1 gousse d'ail
1 grosse courgette
quelques tomates bien mûres
sel, poivre
huile d'olive

Le tian désigne aussi bien le contenant que le contenu. Autrefois on utilisait un récipient en terre en forme de cône aplati. Cette forme permettait de déposer le plat sur les braises qui s'éteignaient au fur et à mesure, donnant une cuisson douce. Par sa forme, le tian s'enfonçait dans les braises sans se renverser.
Faites revenir l'oignon et l'ail hachés dans un peu d'huile d'olive. Versez la poêlée dans un plat en terre assez profond et allant au four.
Coupez les tomates et la courgette en rondelles et disposez-les en couches et de façon jolie dans le plat. Vous pouvez remplacer ou ajouter des aubergines ou des poivrons. Effeuillez la branche de thym et assaisonnez.
Le plat couvert disposez-le dans un four à 150°

pour le cuire pendant 2 heures et demie à 3 heures. Ainsi si l'on vous propose de vous confectionner et de vous servir un tian de légumes dans la demi-heure qui suit, n'en croyez rien et commandez autre chose !

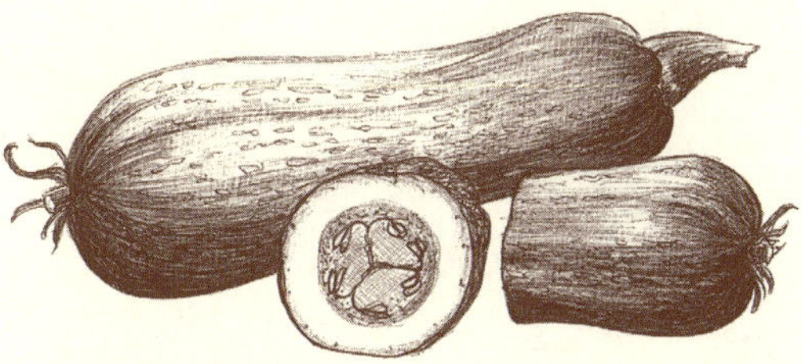

Caroline et Vincent Soulat-Cornille
Ferme-auberge - Mas des Vertes Rives

Papeton d'aubergines

1 gros kilo d'aubergines
1 poignée de gros sel
1 oignon, 3 œufs
1 verre de crème fraîche
huile d'olive
3 gousses d'ail
1 brin de thym, poivre

Epluchez et coupez les aubergines en dés. Faites-les dégorger dans le sel pendant une heure. Dans une grande poêle, faites chauffer de l'huile (sans la brûler) et versez les aubergines bien égouttées avec l'ail écrasé et l'oignon émincé. Ajoutez le thym, 2 ou 3 tours de poivre et laissez cuire doucement en remuant pour ne pas accrocher au fond pendant une grosse demi-heure.
Passez à la moulinette au-dessus d'un saladier. Dans un bol, battez les œufs avec la crème fraîche et mélangez avec l'aubergine cuite. Versez dans un plat allant au four et faites cuire au bain-marie une demi-heure. Servez chaud ou froid avec un coulis de tomates.

René Quenin
Huile d'olive - Moulin du Mas des Barres

Salade chaude de haricots

300 g de haricots verts
300 g de haricots blancs
2 grosses pommes de terre
quelques grains d'ail
1 oignon, huile d'olive
sel, poivre

C'est une salade d'hiver que l'on fait avec des haricots verts congelés et les blancs séchés. Faites gonfler les haricots blancs pendant quelques heures. Faites cuire tous les légumes en commençant par les haricots blancs. Au bout d'un quart d'heure ajoutez les pommes de terre épluchées et coupées en gros cubes, puis les haricots verts dix minutes après (ces temps de cuisson dépendent essentiellement des légumes en votre possession, l'essentiel étant de les garder fermes). Un quart d'heure après arrêtez la cuisson, égouttez les légumes.
Sur la table, présentez le plat accompagné de sel, poivre, ail et oignon hachés, huile d'olive.
Chacun assaisonne son assiettée de légumes chauds à sa convenance et en arrosant généreusement d'huile d'olive.

André Camous
Ferme de découverte - Mas de Gréoux

Gratin de pommes de terre

500 g de pommes de terre
2 gousses d'ail
noix de muscade
30 cl de crème fraîche
200 g de gruyère râpé
beurre
sel, poivre

Lavez, épluchez et coupez les pommes de terre en tranches fines. Déposez une couche de pommes de terre et saupoudrez d'ail écrasé, de sel et de poivre. Versez la crème fraîche, râpez de la noix de muscade par dessus et saupoudrez de râpé. Déposez des copeaux de beurre et mettez au four chaud (th. 5), pendant une heure et demie.
Le gratin de pommes de terre accompagne grillades ou rôtis.

Françoise Fayet
Les plus beaux légumes du Midi

Gratin de légumes d'été

300 g de pommes de terre
2 tomates
1 aubergine, 1 courgette
100 g d'oignons
200 g de fromage râpé
sel, poivre, thym, ail
huile d'olive

Faites cuire les pommes de terre à l'eau et coupez-les en rondelles. Faites dégorger l'aubergine et la courgette.
Frottez d'ail un plat en terre. Déposez une couche de pommes de terre, parsemez d'oignon émincé, salez et poivrez. Recouvrez de rondelles de tomates puis de fromage râpé.
Recommencez avec les pommes de terre et alternez avec l'aubergine et la courgette. Terminez en saupoudrant de râpé, arrosez d'un filet d'huile, parsemez de thym et faites gratiner dans un four chaud (th. 8).

France Damey
Auberge paysanne - Gîte de l'Aurier

Gratin d'aubergines

aubergines
huile d'olive, sel
tomates
2 ou 3 grains d'ail
thym, sarriette, origan
200 g d'oignon

Découpez les aubergines en rondelles et faites-les sauter à la poêle dans un peu d'huile d'olive. Versez dans un tian badigeonné d'huile. Répartissez les rondelles dedans en salant légèrement.
Préparez une purée de tomates en commençant par choisir les plus mûres. Enlevez la peau et les pépins pour ne garder que la pulpe. Dans la même poêle, faites fondre les tomates sur un feu doux avec l'oignon émincé et l'ail écrasé, le tout dans un peu d'huile d'olive. Quand les tomates sont réduites en purée, versez la poêlée sur les aubergines, saupoudrez des herbes dont vous disposez et mettez le plat au four.
Laissez deux ou trois heures dans un four très doux (th. 3/4) pour confire le tout.

France Damey
Auberge paysanne - Gîte de l'Aurier

Bohémienne (boumiano)

1 kg d'aubergines
200 à 300 g d'oignons
500 à 600 g de tomates
huile d'olive
thym, romarin, sarriette
fromage râpé
feuilles de basilic, sel, poivre

Le plat le plus typique du pays vauclusien de par sa composition. Tomates, aubergines, oignons, huile d'olive, basilic, herbes de Provence (thym, romarin, sarriette), ail.
Faire sauter dans une poêle les oignons finement hachés avec 3 à 4 cuillères d'huile d'olive. Lorsque ceux-ci sont bien fondus, ajouter les tomates bien mûres sans pépins et sans la peau. Quelques feuilles de basilic. Laisser mijoter et y rajouter les aubergines coupées en petits morceaux, saler, poivrer, rajouter les herbes de Provence. Laisser mijoter à petit feu jusqu'à parfaire la cuisson. On peut lier avec une demi-cuillère de farine et du fromage râpé. Ce plat se sert chaud ou froid. Chaud il accompagne très bien les côtes d'agneau.

Liliane Caizergue
Auberge paysanne - La Crémaillère

Terrine de boumiano

Variante : on peut aussi, s'il en reste, faire un flan de bohémienne en rajoutant des œufs et de la crème fraîche montée. On mélange l'ensemble et on le verse dans un plat à cake beurré que l'on fait cuire au bain-marie pendant 1 heure ou, pour ceux qui sont pressés, 30 minutes au four micro-onde.

Tarte provençale à la boumiano

Autre variante : une fois la boumiano cuite, on la mélange avec des œufs. On fait cuire à blanc le fond d'une pâte feuilletée et on verse ce mélange. On remet au four. Juste avant de servir, on met des feuilles de basilic sur le dessus avec du gruyère râpé. Cette tarte provençale se sert avec une salade à l'ail, c'est un délice.

Liliane Caizergue
Auberge paysanne - La Crémaillère

Fenouil braisé

2 ou 3 bulbes de fenouil
1/2 verre d'huile
2 ou 3 échalotes
sel

Après avoir nettoyé les bulbes coupez-les en deux. Déposez-les dans une cocotte en fonte (ou tout autre récipient pourvu d'un fond épais) badigeonné d'huile.
Ajoutez les échalotes émincées et oubliez le plat deux, trois heures sur un très petit feu.
Si les bulbes sont gros, on peut les faire d'abord cuire *al dente* à la vapeur, puis les ouvrir en deux et suivre cette recette.

France Damey
Auberge paysanne - Gîte de l'Aurier

Cardons
à la sauce Mornay

3 kg de cardons
1 citron
farine
vinaigre
50 g de beurre
100 g de fromage râpé
sel, poivre

Enlevez les parties dures, peu fraîches, creuses et spongieuses. Vous avez aisément 2/3 de déchets puisque vous ne conservez que les parties tendres. Coupez-les en tronçons de 10 cm et jetez-les dans de l'eau citronnée.
Faites cuire les morceaux dans un blanc de légume c'est-à-dire une cuillère à soupe de farine et une de vinaigre pour un litre d'eau. Ceci pour les assouplir et garder leur blancheur. Préparez la sauce en délayant la farine dans un verre d'eau froide. Faites bouillir un demi-litre d'eau dans une casserole et versez le contenu du bol. Salez, poivrez et laissez réduire en remuant tout le temps. Incorporez le beurre puis le râpé. Servez les cardons bien chaud nappés de sauce.

Françoise Fayet
Les plus beaux légumes du Midi

Cardons au jus de rôti

Commencez avec la même préparation que précédemment.
Dans une sauteuse, faites fondre les cardons dans du beurre pendant 10 minutes.
Pendant ce temps, liez le jus d'un rôti avec la Maïzena sur un feu très doux. Rectifiez l'assaisonnement si nécessaire. Dressez les cardons sur le plat et nappez de sauce.
Servez avec le rôti.

Aubergines "petit poulet"

1 aubergine par personne
petit salé ou poitrine salée
500 g de tomates
200 g d'oignons
thym, 1 tête d'ail
huile d'olive
ficelle à rôti

Coupez les aubergines en deux dans le sens de la longueur et déposez une tranche de petit salé ou de poitrine entre les deux parties. Ficelez le tout et piquez les aubergines de quelques pointes d'ail. Ecrasez les gousses restantes. Emincez tomates et oignons et faites-en un lit au fond d'un plat à gratin. Arrosez généreusement d'huile d'olive et parsemez du hachis d'ail. Posez par dessus les aubergines et saupoudrez de thym. Faites cuire à petit feu car on ne remue pas et à couvert.
Elles sont prêtes quand elles sont devenues bien moelleuses et qu'au fond du plat tomates et oignons sont fondus.

André Camous
Ferme de découverte - Mas de Gréoux

Beignets d'artichauts

2 à 4 artichauts par personne
250 g de farine
25 g de levure de boulanger
1 blanc d'œuf
1 cuillère à soupe d'huile

Préparez les artichauts comme dans la recette précédente.
Faites tiédir un peu d'eau. Commencez la pâte à frire en déposant la farine dans une terrine. Faites un puits et versez l'huile et la levure. Mélangez en délayant au fur et à mesure avec l'eau tiédie. Vous devez obtenir une pâte lisse formant un ruban quand vous la soulevez. Battez rapidement le blanc d'œuf et mêlez à la pâte. Laissez reposer pendant une heure avant d'utiliser. Bien entendu, on utilise la même pâte pour faire des beignets des autres légumes.
Coupez les cœurs en 2 ou 3 morceaux, trempez-les dans la pâte et plongez-les dans la friture bien chaude.

Marinette
Moi, je vous le dis…

Fassum

1 gros chou frisé de 3 kg
1 kg de petit salé
3 carottes
3 pommes de terre
2 poireaux
200 g de coulis de tomate
1/4 de litre de vin blanc
poivre

On trouve encore à Grasse de ces filets qu'on appelle "fassumiers" (je ne suis pas sûre de l'orthographe), faits de coton crochetés et indispensables pour cuire le chou de cette façon.

Commencez par faire blanchir le chou pendant 10 minutes ainsi que les autres légumes.

Déposez le filet ouvert sur un grand plat. Posez le chou par dessus et ouvrez-le pour en retirer le cœur en conservant les grandes feuilles pour pouvoir le reconstituer.

Hachez au couteau les légumes, le petit salé, le cœur du chou et faites revenir avec le vin blanc.

Ajoutez entre-temps le coulis et une poignée de poivre dès que le vin a été absorbé.
Déposez cette farce dans le cœur du chou et refermez le filet. Déposez-le dans une grande cocotte, couvert d'eau, et ajoutez du thym, du laurier et du poivre. Laissez cuire sur un feu très doux pendant 4 heures.
Pour servir, laissez-le égoutter dans le filet pendant dix minutes, puis présentez-le sur la table posé sur une planche. Découpez-le alors en quartier en faisant attention de ne pas entailler le filet.

Isabelle et Jean-Guy Rebuffel
Ferme-auberge - Quartier Riphle

Artichauts farcis

2 à 4 artichauts par personne
100 g de lard salé
100 g d'oignons
mie de pain
sel, poivre, muscade
1 grain d'ail écrasé
2 œufs
huile d'olive
panure

Le nombre d'artichauts dépend de leur grosseur lorsque vous les achetez. Pour ma part, je les préfère petits. Débarrassez les artichauts de leurs feuilles et du foin et faites-les cuire dans un blanc comme indiqué pour les cardons. Préparez une farce après avoir fait revenir les oignons hachés. Hachez aussi le lard et mélangez tout ensemble. Liez avec les œufs et assaisonnez. Disposez les cœurs sur une plaque de four, déposez une cuillère de farce sur chacun, arrosez d'huile, saupoudrez de panure et passez au four. Servez dès qu'ils sont dorés.

Françoise Fayet
Les plus beaux légumes du Midi

Chou rouge aux châtaignes

1 chou bien lourd (vert, rouge, frisé)
500 g de châtaignes épluchées
1 bouillon de poule
sel, poivre, oignons

Enlevez la première peau puis ébouillantez les châtaignes pendant 10 minutes pour enlever la seconde peau. Faites cuire les châtaignes couvertes d'eau dans une cocotte avec une branche de fenouil sauvage. Pas plus d'une demi-heure pour qu'elles restent fermes.
Faites cuire le chou à la vapeur. Quand il est cuit *al dente* ouvrez-le en écartant les grandes feuilles et enlevez le cœur. Faites revenir les oignons émincés au fond d'une cocotte avec un peu d'huile. Ajoutez le bouillon, environ 30 cl. Garnissez le chou avec les châtaignes, refermez-le (ficelé au besoin) et laissez-le mijoter (th. 5) pendant une heure dans le jus de viande.
Je l'ai servi à des enfants dépités devant ce chou rouge, eux qui n'espéraient que des steaks-frites, ils se sont régalés.
Vous pouvez utiliser un chou vert ou un chou chinois qui cuit plus vite.

France Damey
Auberge paysanne - Gîte de l'Aurier

Gnocchis de semoule

1/2 litre de lait
150 g de beurre
200 g de semoule fine
3 œufs
100 g de fromage râpé
500 g de sauce tomate
sel, poivre

Faites chauffer le lait dans une casserole avec le beurre. Lorsqu'il est chaud, on met la semoule dedans et on mélange jusqu'à ce que la pâte n'adhère plus aux bords. Hors du feu, incorporez les œufs, l'un après l'autre, puis le fromage râpé.

Dans une autre casserole, portez 2 litres d'eau à ébullition. A l'aide de deux cuillères à soupe, au-dessus du bouillon, faites des boulettes qui ont la forme d'un œuf et laissez-les tomber dedans.

Elles sont cuites lorsqu'elles remontent à la surface. On parfait la cuisson en les laissant 5 minutes de plus dans l'eau, hors du feu, avec un couvercle.

Faites-les égoutter sur un torchon propre pendant une heure sinon il restera de l'eau et la

sauce sera trop liquide lorsqu'elles rendront cette eau en cuisant au four.
Dans un plat à gratin, étendez un peu de sauce tomate sur le fond, déposez les gnocchis serrés les uns contre les autres, recouvrez de sauce et parsemez généreusement de râpé.
Passez au four pendant une demi-heure à 180°.

Jany Icard

Pâte à raviolis

Pour 5 personnes :
0,5 kg de farine
3 œufs
1/2 verre d'eau tiède
1/4 de verre d'huile d'olive
1 pincée de sel

machine à pâte
moule à raviolis

Versez la farine sur le plan de travail et creusez un puits. Cassez les œufs et mélangez-les avec la farine, du bout des doigts, en ajoutant l'eau. Salez et mélangez avec l'huile.
Quand la pâte est bien homogène étendez-la au rouleau à pâtisserie. L'avantage de la machine à pâte est que les abaisses de pâte sont calibrées en largeur et en épaisseur, de plus elle est bien utile lorsque l'on prépare de grandes quantités. Elle permet aussi de faire les tagliatelles et les spaghettis.
Le moule à raviolis se présente un peu comme un moule à glaçon, mais profond et métallique.

Si vous ne possédez pas ce matériel, déposez sur la pâte la garniture que vous avez préparée en petits tas de la valeur d'une cuillère à café. Humidifiez la pâte entre chaque tas du bout d'un pinceau trempé dans l'eau. Recouvrez d'une feuille de pâte de taille suffisante et appuyez avec une règle entre chaque tas avant de découper avec une roulette de pâtissier.
Plongez dans l'eau bouillante salée pendant 5 minutes.

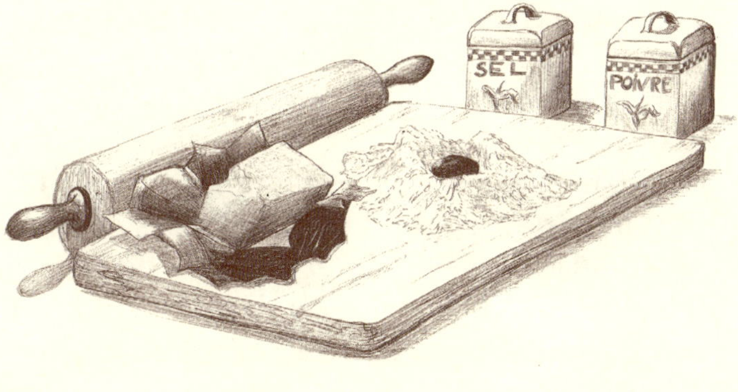

Isabelle et Jean-Guy Rebuffel
Ferme-auberge - Quartier Riphle

Raviolis à la courge

1 kg de pâte fraîche (voir page 84)
1 potiron
200 g de crème fraîche
sel, poivre
500 g de cerneaux de noix

Faites cuire la courge à la vapeur pendant 10 minutes et broyez-la en purée en la mélangeant à la crème. Assaisonnez et garnissez les raviolis.
Pendant que vous faites cuire les raviolis (2 à 3 minutes après ébullition), pilez les cerneaux dans un mortier. Ajoutez un verre de l'eau de cuisson et continuez à piler. Versez petit à petit pour garder une sauce assez épaisse.
Ma grand-mère la servait pour Noël parce que, disait-elle, il fallait manger maigre ce jour-là. Je crois surtout qu'elle était très économe ! Ce qui n'empêche pas ce plat d'être excellent.

Isabelle et Jean-Guy Rebuffel
Ferme-auberge - Quartier Riphle

Raviolis à la tomate

pâte à raviolis (voir p 84)
hachis de viande
sauce tomate (voir p 36)
fromage râpé
persil, sel, poivre

Confectionnez la pâte et faites un hachis avec des restes de viande. Ajoutez du persil haché et assaisonnez de sel et de poivre. Garnissez de ce hachis et faites-les pocher 10 minutes dans de l'eau bouillante salée.
Versez dans un plat à gratin, couvrez largement de sauce tomate, parsemez de fromage râpé, traditionnellement du parmesan et passez au four 20 minutes. Servez très chaud.

Claude Pirié
Coureur des bois

Macaronis au gratin

500 g de macaronis
20 cl de jus de daube
fromage râpé

Choisissez des pâtes de qualité et évitez celles à cuisson rapide qui, si elles font gagner du temps, ne procurent aucun plaisir et ne résisteront pas à une seconde cuisson au four. Faites-les cuire dans de l'eau bouillante salée et à gros bouillons. J'ajoute un filet d'huile dans cette eau de cuisson, il me semble que les pâtes sont moins collantes. Egouttez-les dès qu'elles sont souples, 25 minutes environ, et sans attendre qu'elles se ramollissent. Versez-les alors dans un plat à gratin avec un jus de daube, saupoudrez de fromage râpé et placez sous le grill.

Claude Pirié
Coureur des bois

Pain de macaronis

300 g de macaronis
100 g de parmesan râpé
150 g de jambon blanc
6 œufs
sel, poivre
noix de muscade
coulis de tomate

Faites cuire les macaronis dans de l'eau bouillante salée. Egouttez-les et mélangez-les avec les jaunes d'œufs, le fromage et le jambon coupé en petits morceaux. Assaisonnez. Battez les blancs en neige ferme et incorporez au premier appareil. Versez dans un moule à cake et faites cuire au bain-marie pendant une heure. Servez chaud coupé en tranches avec un coulis de tomate froid par exemple.

Claude Pirié
Coureur des bois

Caillette au genièvre

Pour 8 caillettes :

500 g de foie de porc
500 g de poitrine
2 gousses d'ail
1 crépine de porc
10 baies de genièvre
3 cuillères à café de sel
2 cuillères à café de poivre

Hachez les viandes assez fin. Evitez les robots, qui réduisent tout en purée et travaillez au hachoir ou au couteau, c'est plus long mais au final bien plus savoureux.

Broyez le genièvre avec un moulin à café et écrasez l'ail à la grille fine. Mélangez l'ensemble en ajoutant le sel et le poivre. Faites des boules de viande en les calibrant avec un ramequin par exemple (environ 200 g). Déposez-les sur la crépine étalée sur le plan de travail de façon à ce que vous puissiez découper largement la crépine et envelopper chaque boule.

Déposez les crépinettes dans un plat à gratin dans lequel vous versez un verre d'eau afin de conserver plus de moelleux. Faites-les cuire pendant une demi-heure entre 120° et 140°.
Il faut éviter un four trop chaud pour ne pas griller la crépine.
Contrôlez la cuisson de la pointe du couteau et servez chaud en entrée avec une salade verte.
Mais vous pouvez aussi les conserver au frigidaire et les manger froid.

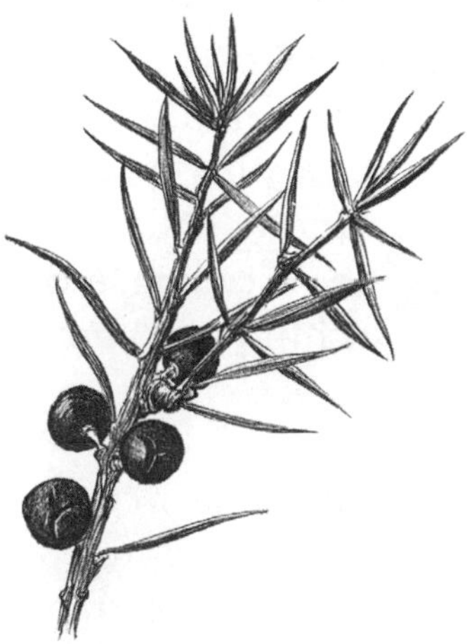

Christian Richeda
Ferme-auberge - Le Vieux Pressoir

Riz de Camargue

Le delta du Rhône est un éco-système complexe, salé, d'autant plus que les crues du Rhône ne couvrant plus les terres, il faut pomper l'eau dans les différents canaux que ses eaux alimentent pour faire une irrigation artificielle d'eau douce. Ainsi chaque mas dispose d'une quantité et d'horaire précis pour "noyer" ses terres à tour de rôle. Malgré tout, ce système est insuffisant et la salinité des terres augmente régulièrement. De plus, à l'extrémité du delta, la mer avance et une ville comme les Saintes-Marie-de-la-Mer est obligée de développer des prouesses techniques pour résister aux éléments.

Pour 5 personnes, comptez 300 g de riz long. Mettez le riz dans une cocotte-minute et couvrez-le d'eau. A peine un peu plus d'eau que de riz, disons cinq millimètres. Il faut juste la quantité nécessaire à ce qu'il gonfle. Trop de ménagères sont habituées à le noyer dans des litres d'eau et sont ensuite surprises qu'il n'absorbe pas les sauces qu'on lui adjoint par la suite. De plus, s'il est bon d'utiliser un riz long pour le manger nature, il vaut mieux un riz rond pour les plats en sauce comme la paella, le minestrone...

Après avoir salé, fermez la Cocotte-minute et faites cuire 7 à 8 minutes à partir du chuchotement de la soupape à feu très doux.

Au niveau purement nutritif, l'association de riz complet avec des lentilles (en quantité moindre) donne un aliment particulièrement bien équilibré en acides aminés.

Il existe aussi le riz germé particulièrement riche en protéines, le riz noir, le riz rouge riche en tanins, le super long ou Thaï qui ne colle jamais.

Pierre et Monique Vadon
Ferme équestre - Mas Saint Germain

Fricot de pommes de terre aux olives cassées

1 gros oignon
3 gousses d'ail
4 tomates bien mûres
1 kg de pommes de terre
200 g d'olives cassées
1 bouquet garni (thym, laurier)
sel, poivre
huile d'olive

Emincez l'oignon et faites-le revenir dans de l'huile d'olive au fond d'une cocotte avec les gousses d'ail entières. A coloration, ajoutez les tomates pelées et épépinées. Laissez diminuer en remuant. Ajoutez les pommes de terre épluchées et coupées en gros cubes. Mélangez avec la sauce puis ajoutez le bouquet garni, salez et poivrez. Couvrez d'eau et laissez cuire au moins vingt minutes. Versez alors les olives cassées et laissez mijoter encore 5 minutes.
Servez aussitôt.

André Camous
Ferme de découverte - Mas de Gréoux

Purée de pommes de terre à l'huile d'olive

1 kg de pommes de terre
50 g de beurre
1 verre d'huile d'olive
1 petit pot de crème fraîche
sel

Lavez et épluchez les pommes de terre. Coupez-les en gros cubes, passez-les sous l'eau pour enlever l'amidon et faites-les cuire 20 minutes dans une casserole d'eau bouillante salée. Passez-les au moulin à légumes. Ajoutez le beurre en mélangeant avec une spatule en bois. Incorporez ensuite la crème fraîche tiédie dans un bain-marie et finissez avec l'huile d'olive. Salez et servez bien chaud.

Thierry et Lulu
Boulistes-pêcheurs et vice-versa

Pommes de terre au four

huile d'olive
sel, poivre
1 cuillère à café de sucre
thym frais en branche
500 g de pommes de terre
500 g de tomates

Nappez le fond d'un plat à gratin avec de l'huile d'olive. Etalez de très fines tranches de pommes de terre et des tranches de tomates. Parsemez de brins de thym. Salez, saupoudrez de sucre, poivrez, arrosez d'huile d'olive. Faites cuire une demi-heure à 180° jusqu'à ce que les tomates fondent, les pommes de terre se colorent et que, par l'odeur alléché, tout le voisinage rapplique.

Philippe et Georgette
La retraite, mais pas trop loin du Vieux Port

Gigot d'agneau à l'ail

1 gigot de 2 kg
4 ou 5 gousses d'ail
1 crépine
poivre
herbes de Provence

Agé de 6 mois, un agneau pèse une vingtaine de kilos et on en retire des gigots variants de 2 à 2,5 kilos.
Epluchez l'ail et piquez-en le gigot. Entourez-le ensuite de la crépine, badigeonnez d'huile, poivrez et parsemez d'herbes. Déposez dans le four préchauffé à 180° avec un verre d'eau qui humidifie le four et conserve ainsi le moelleux de la viande. Faites cuire 20 minutes par livre.

Isabelle et Jean-Guy Rebuffel
Ferme-auberge - Quartier Riphle

Epaule d'agneau farcie

1 épaule d'agneau (maximum 1,5 kg)
100 g de lard de porc
mie de pain
100 g de tranche de veau
lait, 1 œuf
ail, persil, muscade
sel, poivre
100 g de beurre
1/2 litre de bouillon
1 gros oignon
1 ou 2 carottes
1 verre de sauce tomate
1 bouquet garni (thym, laurier)

Préparez une farce en mélangeant la tranche de veau et la moitié de lard hachés, la mie de pain trempée dans le lait et égouttée, l'ail et le persil. Assaisonnez avec sel, poivre et muscade. Liez avec l'œuf.
Désossez le gigot, garnissez-le de la farce et ficelez-le. Dans le fond d'une cocotte à fond épais, faites fondre le beurre, ajoutez le lard coupé en dés et l'oignon émincé. Quand l'ensemble commence à se colorer, mettez

l'épaule et faites-la dorer. Ajoutez ensuite les carottes coupées en rondelles, le bouquet garni, versez le bouillon chaud et la sauce tomate. Faites cuire sur un feu doux pendant 3 heures. Gardez à couvert et retournez le gigot 3 ou 4 fois pendant la cuisson. Goûtez la sauce et rectifiez l'assaisonnement si nécessaire.
Servez avec des petits pois, des fèves fraîches ou des haricots verts.

Marinette
Moi, je vous le dis…

Daube avignonnaise

1 gigot ou épaule d'agneau
farine
sel, poivre
200 g de lardons
200 g d'olives noires
oignons grelots
ail
croûtons de pain

pour la marinade :

2 ou 3 carottes émincées
bouquet garni (thym, romarin)
sarriette, marjolaine
écorces d'oranges séchées
1 litre de vin rouge
1 verre de vinaigre
1 oignon haché

Prenez un gigot ou de l'épaule d'agneau, coupez-le en morceaux pas trop petits. Faites une marinade à chaud, c'est-à-dire portez à ébullition la marinade et la viande pendant 20 à 30 minutes. Si la sauce n'a pas assez diminué, retirez les morceaux de viande et faites réduire à gros bouillons en l'épaississant avec un peu de farine. Ajoutez des olives noires, des lardons poêlés et des oignons grelots. Préparez des croûtons grillés frottés avec de l'ail que l'on mettra à part lors du service. Au moment de servir on accompagne de pommes de terre vapeur.

Liliane Caizergue
Auberge paysanne - La Crémaillère

Ragoût d'agneau

1 épaule d'agneau de 1,5 kg
1 petite boîte de concentré de tomate
3 gousses d'ail
500 g d'oignons
bouquet garni (thym, romarin, laurier)
huile d'olive
sel, poivre
2 kg de pommes de terre

Coupez l'agneau en gros dés de 4 à 5 cm de côté. Faites rissoler sur un feu vif dans l'huile d'olive avec les oignons et l'ail hachés. Ajoutez le concentré de tomate et mouillez en recouvrant largement d'eau. Salez, poivrez, ajoutez le bouquet garni et portez à ébullition. Laissez à petits bouillons pendant une demi-heure puis ajoutez les pommes de terre détaillées de la même façon que la viande et laissez encore 20 à 25 minutes.

Liliane Caizergue
Auberge paysanne - La Crémaillère

Rôti de taureau

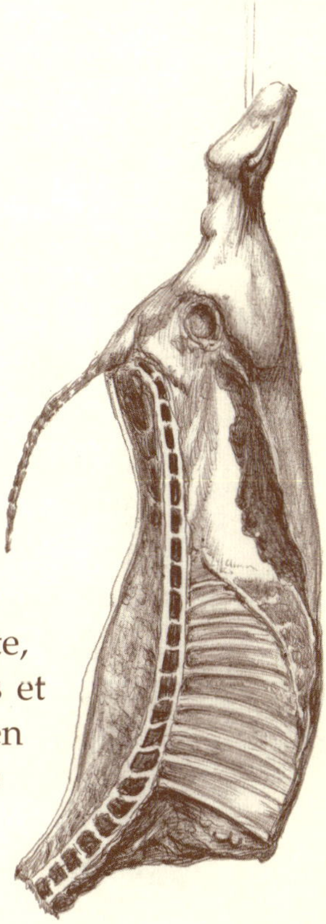

1 filet de 2 kg
huile d'olive
1 tête d'ail
poivres noir et vert
cardamone
coriandre

Faites dorer le rôti au fond d'une cocotte en fonte avec de l'huile d'olive. Quand il a fait une belle croûte, ajoutez les gousses d'ail, les aromates et couvrez. Laissez cuire sur un feu moyen 20 minutes par livre. Piquez le rôti de la pointe du couteau. Il doit être saignant à cœur.
On sale très peu car le sel est partout dans le delta, même dans les aliments. Aussi on présente la salière sur la table pour ceux qui aiment vraiment salé.

Pierre et Monique Vadon
Ferme équestre - Mas Saint Germain

Taureau de Camargue

Le taureau de Camargue est d'abord élevé pour la course à la cocarde. Animal sauvage, c'est seulement à cheval que les guardians peuvent l'approcher. En effet, ces deux animaux cohabitent dans le delta, mais le cheval, plus rapide et plus dangereux que le taureau (il rue et mord) est le maître des lieux. Le taureau, quant à lui, grégaire et fuyant, deviendra tout aussi dangereux une fois acculé. C'est en fonction de son agressivité qu'il sera sélectionné pour la course à la cocarde. Animal solide et trappu, il pèse environ 400 kilos. Dans l'arène, au cours de la course camargaise, les "raseteurs" tenteront de décrocher un petit bout de chiffon rouge, la cocarde, fixé entre ses cornes acérées (elles seront recouvertes d'une protection pour les courses d'amateurs, mais laissées nues pour les professionnels). Pas de sang, pas de souffrances, seules comptent la puissance, l'agilité et la vitesse pendant les quinze minutes que durera la course. La bravoure de l'animal sera largement saluée par le public et par l'air de "Carmen". Quand au

raseteur qui décrochera la cocarde, il se verra remettre la bourse qui n'aura cessé de grimper, renchérie par les sponsors ou les spectateurs tout au long de la partie.
Le lendemain, alors que le taureau sera déjà retourné vers ses terres, les journaux locaux le couvriront d'éloges, bien plus qu'ils ne le feront des raseteurs. Commencée à l'âge de trois ans sa carrière pourra durer une dizaine d'années.
Ainsi, vous l'avez bien compris, ce sont les plus "gentils" que l'on mange car leur caractère peureux et fuyant ne leur permettra pas de faire carrière.
C'est un animal qui donnera une viande non grasse, goûteuse et tendre à la fois même si on peut en douter, provenant d'un animal sauvage.
La race Camargue est une appellation d'origine contrôlée.

Pierre et Monique Vadon
Ferme équestre - Mas Saint Germain

Tournedos aux truffes du Ventoux

1 tournedos par personne
beurre
huile d'olive
25 cl de vin blanc
2 ou 3 truffes
eau-de-vie ou marc
crème fraîche

Préchauffer le four. Dans une poêle mettre une noix de beurre et une cuillère d'huile. Y déposer les tournedos, les faire saisir de chaque côté. Les réserver dans un plat allant au four avec un papier aluminium dessus, porte entrouverte juste pour qu'ils ne refroidissent pas. Mettre du vin blanc dans une casserole, porter à ébullition (5 minutes). Puis arrêter, râper les truffes et les jeter dans la casserole (sans faire cuire - la truffe se racornit et perd de son parfum). Déglacer la poêle où l'on a fait cuire les tournedos avec un peu d'alcool de mare (Aïgardin) et flamber pour activer l'évacuation de l'alcool. Y mettre le mélange truffes, vin blanc et 2 cuillères de crème fraîche. Amener à l'ébullition pour que la crème s'épaississe. Sortir le plat du four. Déposer les tournedos dans un plat après avoir ôté la ficelle et napper de la sauce. Servir bien chaud. Ce plat s'accompagne de pâtes fraîches, de pommes de terre vapeur.

Liliane Caizergue
Auberge paysanne - La Crémaillère

Gardianne de taureau

Pour 4 personnes :

1 kg de jarret ou de paleron
1 gros oignon
3 clous de girofle
2 ou 3 gousses d'ail
thym, laurier, quatre-épices
olives noires
1 litre de vin rouge
huile d'olive

Travaillez dans une cocotte en fonte à fond très épais car il faudra cuire 5 ou 6 heures sur un feu très doux et sans remuer.

Faites d'abord suer l'oignon dans un peu d'huile avec l'ail haché jusqu'à ce qu'ils soient translucides. Ensuite, les morceaux de viande avec les aromates. Ajoutez un verre d'eau si nécessaire pour éviter d'accrocher le fond. Quand tous les ingrédients ont pris couleur, mais sans les brûler, ajoutez les olives noires et le vin de façon à ce qu'il couvre bien toute la viande.

Françoise Peytavin
Ferme équestre - Mas de Capellane

Grillade Saint-Gilloise

Pour 20 personnes :

4 kg de paleron coupé en tranches d'un centimètre
2 petits pots de câpres
10 filets d'anchois
1 kg d'oignons, quelques brins de persil
sel, poivre
huile d'olive

Mixez séparément oignons, anchois, câpres et persil. Mélangez le tout pour en faire une purée bien homogène.
Dans une cocotte à fond épais, versez deux ou trois cuillères d'huile d'olive et ajoutez une première couche de viande. Couvrez de la purée préparée précédemment et donnez 3 ou 4 tours de poivre. Recommencez jusqu'en haut de la cocotte. Terminez en salant modérément et en arrosant d'un filet d'huile d'olive.
Mettre à cuire tout doucement pendant environ 5 heures. Si vous avez réalisé la cuisson dans une Cocotte-minute, comptez 50 minutes après la rotation de la soupape.
La cuisson est terminée quand la viande se coupe à la cuillère de bois. Servez avec un riz de Camargue.

Françoise Peytavin
Ferme équestre - Mas de Capellane

Brouffade

Pour 8 personnes :
2 kg de paleron ou collier de bœuf
huile d'olive
herbes de Provence
1 litre de vin blanc
1 litre de bouillon
vinaigre
1/2 verre de cornichon
1/2 verre de câpres
10 filets d'anchois à l'huile
3 cuillères à soupe de farine
sel, poivre, ail

Les brouffades de bœuf sont différentes les unes des autres, j'ai donc inventé la mienne en me servant de mes ingrédients uniquement.
Dans une cocotte en fonte, faites revenir dans de l'huile d'olive la viande coupée en gros dés et ajoutez les herbes de Provence (origan, thym, romarin, sarriette, marjolaine et laurier). Vous n'êtes bien sûr, pas tenu d'avoir toutes ces

herbes, mais il est aussi dommage de vous priver de leur présence dans votre cuisine. Mouillez avec le vin blanc et complétez avec un peu d'eau pour couvrir la viande ou un bouillon de viande, il n'en sera que meilleur. Faites mitonner sur le feu doux et rajoutez deux cuillères de vinaigre (plus si la quantité que vous cuisinez est plus importante). Ajoutez à la sauce les cornichons hachés, les filets d'anchois et les câpres. La cuisson sera d'environ trois heures suivant la puissance du feu.
Dans un bol, diluez environ 3 cuillères à soupe de farine dans un demi-verre d'eau et mélangez un peu de bouillon de cuisson. Versez dans le plat. Pour épaissir la sauce laissez cuire 1/2 heure. Lorsque la sauce est réduite de moitié par rapport à la quantité initiale, la cuisson est terminée. On accompagne ce plat de riz, c'est la tradition.
Ce plat a une histoire. Lorsque les mariniers remontant le Rhône arrivent à Beaucaire, et ce du temps de Frédéric Mistral, c'était un jour de fête et tout le monde se retrouvait autour de ce plat.

Liliane Caizergue
Auberge paysanne - La Crémaillère

Osso buco

Pour 4 personnes :

4 tranches de jarret
1 gros oignon
100 g de farine
huile d'olive
250 g de tomates
10 cl de vin blanc
1/2 litre de bouillon de bœuf
2 gousses d'ail
sel, poivre

La particularité de ce plat est dans la découpe du morceau de viande. En effet le jarret et l'os sont tranchés perpendiculairement à l'os, celui-ci étant un os à moelle qui participe activement à parfumer le plat.

Faites revenir les tranches de jarret au fond de la cocotte dans un peu d'huile. Saupoudrez de farine, ajoutez l'oignon émincé, les tomates pelées, épépinées et coupées grossièrement et mouillez de vin et de bouillon. Salez, poivrez et ajoutez l'ail épluché. Faites cuire à feu doux pendant 3 heures.

Pour les gens pressés, démarrez la cuisson en Cocotte-minute (25 minutes) et laissez mijoter ensuite pendant une grosse demi-heure.

Jean-Claude Cadène
Apprenti-boucher

Mitonnée de bœuf à la mode d'Arles

2 kg de paleron
herbes de Provence
1 litre de vin rouge corsé
200 g de coulis de tomate
200 g d'olives noires
sel, poivre, ail
farine
1 litre de bouillon de viande

Prenez là aussi du paleron ou du collier de bœuf. Faites revenir dans l'huile d'olive les gros dés de viande, et ajoutez les herbes de Provence ainsi que l'ail, le poivre et le sel. Mouillez avec une bonne bouteille de vin vieux et rajoutez un bouillon de viande pour couvrir totalement la viande. Portez à ébullition. Arrêtez le feu et laissez le plat refroidir jusqu'au lendemain matin. (C'est ainsi que l'on fait une marinade chaude qui a la propriété d'être plus efficace et de meilleure qualité gustative).
Le lendemain reprenez la cuisson, saupoudrez de farine, versez le coulis de tomate, les olives noires et faites cuire environ 3 heures, tout doucement. Servez ce plat avec un gratin de pommes de terre.

Liliane Caizergue
Auberge paysanne - La Crémaillère

Pieds-et-paquets

1 kg de gras-double
4 pieds de veau
250 g de lard maigre
25 cl de vin blanc
1 gros oignon
3 grains d'ail
1 bouquet de persil
poivre, muscade
2 carottes
sel, clous de girofle
200 g de coulis de tomate

N'entreprenez cette recette que si vous avez beaucoup de temps et que votre boucher n'en a pas en boîte. Commandez-lui quand même les tripes nettoyées et cuites.

Faites un hachis d'ail et de persil. Coupez le lard en bandes. Découpez des rectangles (8 x 10 cm) et déposez sur chacun du hachis et une bande de lard. Assaisonnez de muscade râpée et de poivre. Percez la tripe dans un angle, repliez-la sur la farce et fermez le paquet en passant un coin dans la boutonnière. Sinon, ficelez les paquets, vous enlèverez la ficelle pour les servir.

Déposez-les dans le fond d'une cocotte avec les pieds. Ajoutez alors l'oignon piqué de clous de girofle, le coulis de tomate, les carottes coupées en rondelles, le vin blanc et l'ail. Couvrez avec de l'eau ou si possible avec un bouillon de bœuf.

Laissez cuire à feu doux pendant 5 ou 6 heures. Si vous êtes pressés cuisez 2 heures en Cocotte-minute. Servez avec des pommes de terre.

Suivant les régions de production on réalisait ce même plat avec des tripes et des pieds de mouton.

Blanquette de veau

1 kg de veau
1 jaune d'œuf
1 citron, 1 oignon
farine
sel, poivre
persil
1 verre de vin blanc
huile

Faites revenir les morceaux de viande pour les colorer légèrement dans un peu d'huile. Faites blondir à son tour l'oignon, ajoutez une cuillère à soupe de farine et mouillez avec le vin. Couvrez les morceaux de viande avec de l'eau. Salez et poivrez.
Faites cuire à feu très doux pendant 2 à 3 heures. Juste avant de servir, hors du feu, liez la sauce avec le jaune d'œuf. Versez enfin le jus de citron. Parsemez de persil et accompagnez avec un riz blanc.

Jean-Claude Cadène
Apprenti-boucher

Découpe du poulet

Cette manière de découper la volaille permet d'avoir des morceaux de taille équivalente. Ayez un couteau avec une forte lame ou un hachoir de découpe.
Supprimez les pattes et la pointe des ailes qui n'ont que les os. Prélevez les cuisses avec une partie du filet. Tranchez et cassez l'os au tiers du manchon puis dans la cuisse au-dessus de l'articulation. Partagez en deux le haut de la cuisse qu'il vous reste. Découpez les ailes. Ouvrez la carcasse en entaillant les flancs sous les côtes. Le dos se casse au niveau des ailes. Cassez le dos dans la longueur de la colonne vertébrale. Partagez le bréchet en quatre morceaux. Même si vous ne présentez pas tous les morceaux lors du service, mettez-les tous dans la poêle pour la cuisson car tous concourent à parfumer votre plat. Quand aux os qui sont brisés, ils sont bien moins durs et pointus que les os du lapin et mis à part pour les enfants ne présentent pas grand danger. En les brisant, on libère aussi la moelle qu'ils contiennent et qui se mélangera aux autres sucs.

Caroline et Vincent Soulat-Cornille
Ferme-auberge - Mas des Vertes Rives

Poulet en bouillabaisse

1 poulet fermier (2,2 kg)
1,5 kg de tomates
2 beaux oignons
1 tête d'ail
pommes de terre
1 pointe de safran
1/2 verre d'huile d'olive
5 cl de pastis
sel, poivre

La veille du repas, découpez le poulet en morceaux. Préparez une marinade avec le pastis, l'huile, le safran, sel et poivre. Mélangez les morceaux et laissez macérer.
Le lendemain, après avoir pelé et épépiné les tomates, faites revenir les oignons émincés dans le fond d'une cocotte en fonte avec un peu d'huile. Ajoutez ensuite les gousses d'ail épluchées coupées en quatre puis trois ou quatre tomates en morceaux grossiers. Laissez l'ensemble se réduire en purée tout en remuant pour ne pas accrocher au fond de la cocotte. Ajoutez alors les morceaux de poulet et couvrez d'eau. Laissez mijoter sur un feu doux pendant 45 minutes.

Au bout de ce temps, retirez les morceaux de poulet et versez les pommes de terre épluchées et coupées en gros morceaux. Ajoutez aussi toutes les tomates restantes. Goûtez et assaisonnez à votre goût. Laissez mijoter une vingtaine de minutes.
Sur la table, présentez les morceaux de poulet et les pommes de terre dans des plats séparés accompagnés d'un bol de rouille et de tranches de pain grillées.

Christian Richeda
Ferme-auberge - Le Vieux Pressoir

Fricassée de volaille au fenouil

1 poulet fermier (2,2 kg)
quelques brins de fenouil
1 brin de thym
1 ou 2 feuilles de laurier
1 tête d'ail frais
1 à 2 verres de vin blanc
sel, poivre
huile d'olive

C'est une façon rapide de préparer une volaille, pourvu qu'on aie tous les ingrédients sous la main.

Commencez par détailler la volaille en une quinzaine de morceaux.

Dans une grande poêle en fer, faites chauffer l'huile d'olive. Ne soyez pas chiche car s'il n'y en a pas assez elle brûlera. Quand vous sentez cette bonne odeur d'olive, jetez les morceaux de poulet pour les faire dorer. Retournez-les pour les dorer sur toutes les faces. Dans le même temps ajoutez les gousses d'ail que vous aurez fait éclater en les frappant du plat du couteau mais sans les éplucher.

Quand tous les morceaux ont pris une belle couleur, ajoutez tous les aromates et le vin. Ça va faire beaucoup de vapeur que vous laissez retomber avant de couvrir et de baisser le feu.
Il faut 20 minutes de cuisson pour que les chairs deviennent bien fondantes. 5 minutes suffiront pour un poulet d'élevage, aussi vaudra-t-il mieux surveiller votre poêle si vous n'êtes pas sûr de la provenance.

Caroline et Vincent Soulat-Cornille
Ferme-Auberge - Mas des Vertes Rives

Fricassée de poulet à l'ancienne

1 poulet de ferme
saindoux
eau-de-vie
sel, poivre

Ma grand-mère avait autrefois une petite auberge qui, si elle ne payait pas de mine, n'en avait pas moins une très bonne réputation.
C'est d'elle que je tiens ce plaisir de la cuisine.
Voici comment elle préparait sa fricassée.
On découpe la volaille en une quinzaine de morceaux comme indiqué à la page précédente et on les jette dans le saindoux fondu au fond d'une grande poêle. (L'usage de l'huile d'olive n'était pas aussi systématique que de nos jours).
Quand les morceaux sont bien dorés de tous les côtés, on ajoute une bonne rasade d'eau-de-vie, on couvre et on laisse mitonner au coin du feu.
Salez et poivrez à votre convenance après avoir goûté.

Caroline et Vincent Soulat-Cornille
Ferme-Auberge - Mas des Vertes Rives

Poulet à l'ail

1 poulet fermier d'au moins 2 kg
4 têtes d'ail
sel, poivre
huile d'olive
eau-de-vie

Commencez par flamber le poulet au-dessus d'une casserole dans laquelle vous avez enflammé un demi-verre d'eau-de-vie. Après avoir salé et poivré l'intérieur, emplissez-le de gousses d'ail sans les éplucher. Refermez avec des cure-dents et badigeonnez d'huile. Salez et poivrez à nouveau et faites cuire au four à 180° pendant 1 heure 30. Servez avec des tranches de pain grillées sur lesquelles chacun pourra tartiner l'ail confit.

Thierry et Lulu
Boulistes-pêcheurs et vice-versa

Lapin sauté au thym

1 lapin
huile d'olive
1 feuille de laurier
3 gousses d'ail
thym frais en branche
sel, poivre
1 verre de bouillon-cube

Dans un faitout avec un fond d'huile d'olive, dorez à feu vif les morceaux farinés d'un lapin. Ajoutez une demi-feuille de laurier, les gousses d'ail entières et quelques brins de thym. Salez, poivrez. Remuez souvent pour bien saisir les morceaux. Ajoutez le bouillon et baissez le feu. Laissez mijoter 25 minutes. Servez accompagné de pâtes sur lesquelles vous versez le jus du plat.

Claude Pirié
Coureur des bois

Lapin rôti
à la broche

1 jeune lapin
100 g de lardons
sel, poivre
huile
1 jus de citron

Piquez les chairs de l'animal de fins lardons et ficelez-le sur la broche. Salez et poivrez. Faites rôtir environ 20 minutes par livre (th. 8). Un quart d'heure avant la fin de la cuisson, ajoutez le jus de citron, un peu d'eau si nécessaire, au fond du plat pour délayer les jus, et arrosez le rôti.
Servez avec des rondelles de citron.

Claude Pirié
Coureur des bois

Lapin en gibelotte

lapin de 1,5 kg
150 g de lard, 100 g d'oignons
1/2 litre de vin blanc
1 verre de bouillon
1 verre d'huile d'olive
quelques champignons de saison
farine, sel, poivre
bouquet garni
pommes de terre

Dans le fond d'une cocotte, faites suer les oignons. Retirez-les dès qu'ils deviennent translucides et remplacez par le lapin coupé en morceaux. Faites dorer sur toutes les faces. Quand les morceaux sont bien saisis, saupoudrez de farine puis ajoutez le bouillon chaud, le vin, les oignons, les lardons, un bouquet de thym et une feuille de laurier. Laissez bouillir, goûtez et assaisonnez. Laissez cuire une demi-heure sur un feu doux et ajoutez les pommes de terre épluchées et coupées en gros quartiers. Laissez mijoter encore une demi-heure en ajoutant les champignons 10 minutes avant la fin de la cuisson.

Claude Pirié
Coureur des bois

Lapin rôti à la moutarde

1 jeune lapin (ou le râble d'un vieux)
1 pot de moutarde
3 tranches de lard à barder
sel, poivre

Badigeonner généreusement le lapin de moutarde. Ficelez-le en l'enrobant des bardes de lard. Déposez-le dans un plat à gratin et passez au four pendant 20 minutes (th. 7).

Philippe et Georgette
La retraite, mais pas trop loin du Vieux Port

Cailles au raisin

6 jeunes cailles
50 g de beurre
1 verre de vin blanc fruité
50 grains de raisin blanc, environ
sel, poivre
1 verre de bouillon de veau

Plumez, videz et ficelez les cailles. Pelez et épépinez les raisins. Dans une sauteuse, faites dorer les cailles dans le beurre fondu. Salez et poivrez.
Sur un feu vif, faites cuire 15 minutes avec le raisin, le vin et le bouillon. Servez très chaud dans la sauteuse.

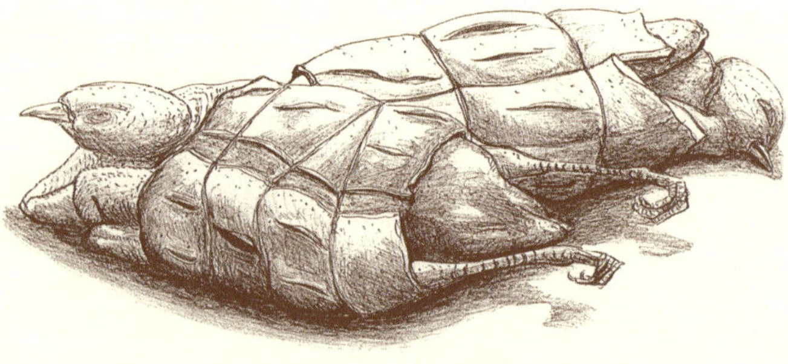

Claude Pirié
Coureur des bois

Cailles braisées

6 cailles
500 g de lard maigre
sel, poivre
1 kg de petits pois en grains frais

Pour des oiseaux un peu plus âgés, mais à la chasse on ne choisit pas.
Plumez, videz et bridez les cailles. Faites fondre le lard coupé en morceaux au fond de la sauteuse. Faites sauter les cailles dans la graisse du lard, salez, poivrez et quand elles sont bien dorées, versez un verre d'eau pour déglacer le fond de la sauteuse, puis les petits pois. Faites cuire à couvert pendant 40 minutes sur un feu très doux. Remuez de temps en temps.

Claude Pirié
Coureur des bois

Pigeons au sang

Pour 4 personnes :
2 pigeons
vinaigre, coulis de tomate
4 tranches de lard
1 oignon, 1 carotte
1 gousse d'ail
1 verre de vin blanc sec
sel, poivre

Comptez au moins un demi-pigeon par personne. Habituellement pour le cuisiner on étouffe le pigeon. Ici on va les saigner et récupérer ce sang dans un verre que l'on mélange à la même quantité de vinaigre pour éviter qu'il ne coagule. Plumés, vidés et bridés, on les fait revenir dans une grande casserole avec quelques tranches de lard débitées en petits morceaux, un gros oignon émincé, une gousse d'ail écrasée et quelques dés de carotte. Quand tout est bien doré, on ajoute le vin blanc, le coulis de tomate, le sel et le poivre et on laisse cuire sur un feu moyen une demi-heure. On lève les pigeons que l'on découpe sur le plat. On déglace la casserole avec le sang et on nappe les morceaux avant de servir.

Philippe et Georgette
La retraite, mais pas trop loin du Vieux Port

Pigeons farcis

1 pigeon par personne
foies et gésiers
lait, 1 œuf
mie de pain
1 oignon
sel, poivre

Hachez les foies, les gésiers et l'oignon. Ajoutez la mie de pain trempée dans le lait, salez, poivrez et liez avec l'œuf sur un feu doux pour ne pas cuire.
Farcissez les pigeons et faites-les rôtir au four pendant une demi-heure.
Coupez les pigeons en deux, placez la farce autour des morceaux et accompagnez de pommes sautées.

Jean-Claude Cadène
Apprenti-boucher

Daube de sanglier de la Baugerie

Pour 5 à 6 personnes :

800 g d'épaule ou de longe
2 ou 3 carottes en rondelles
quelques oignons grelots
50 cl de côteaux du Lubéron
50 cl d'eau, 1 cuillère à soupe de cognac
sel, poivre, bouquet garni
1 cuillère à soupe d'huile d'olive
2 ou 3 feuilles de laurier

Préparez la marinade 3 jours avant. Coupez quelques carottes en rondelles, ajoutez des petits oignons et mettez à macérer dans un mélange d'eau, de vin et de cognac.
Assaisonnez et ajoutez le bouquet garni. Découpez la viande en petits dés de 3 cm environ. Versez-les dans la marinade et laissez-les s'imprégner 72 heures.
Egouttez la viande au bout de ce temps. Faites-la revenir dans une cocotte en fonte avec une cuillère d'huile.
Dès que la viande a pris couleur, arrosez de la marinade que vous aurez filtrée auparavant. Salez, poivrez, parsemez d'herbes de Provence et de laurier. Laissez mijoter à couvert pendant

environ 2 heures 30. Servez bien chaud accompagné de macaronis ou de pommes vapeur.
Comme bien des plats la recette est d'autant mieux réussie que l'on acquiert le "coup de patte" à force de recommencer. Vous pouvez la conserver en bocaux.

La Baugerie est une réserve de têtes noires de race pure. Elevée en semi-liberté sur plusieurs hectares, entre Comps et Castellane, la harde bénéficie d'un contrôle sanitaire rigoureux et, comme tous les élevages, répond aux normes CEE de traçabilité.

Marc et Françoise Léoni
Ferme-auberge - La Baugerie

Salmis de perdreaux

Pour 6 personnes :

3 perdreaux
1 verre de vin rouge
1 carotte
2 échalotes
1 feuille de laurier
1 branchette de thym
sel, poivre
12 tranches de lard fines

Faites cuire les perdreaux au tournebroche après les avoir plumés, vidés, flambés et bardés de lard.
Séparez les cuisses entières et les ailes avec les filets du bréchet.
Dans une casserole, émincez les échalotes, la carotte, ajoutez le thym, le laurier et le vin. Broyez les carcasses et ajoutez-les à la préparation. Laissez cuire et diminuer pendant au moins un quart d'heure. Passez au tamis et servez en saucière accompagné de pain toasté.

Claude Pirié
Coureur des bois

A propos des poissons

Les herbes de Provence aujourd'hui si réputées ont longtemps servi à cacher le manque de fraîcheur des produits et notamment du poisson. Alors gardez-les pour une salade et contentez-vous d'un peu de sel et de poivre pour assaisonner votre poisson.
Achetez le poisson frais et si possible le poisson… *du pays.* Si votre seul but est de faire plaisir à votre porte-monnaie, vous trouverez du poisson jusque dans le coin le plus reculé. Si vous voulez découvrir le goût de chaque espèce, levez-vous un peu plus tôt que d'habitude et demandez conseil aux pêcheurs. Le pire en cuisine, c'est de ne pas vouloir avouer son ignorance.

Soupe de poissons

5 kg de poissons de roche
4 tomates mûres
2 oignons
safran
1 gousse d'ail
1 branche de fenouil
thym, laurier
huile d'olive

Ça fait beaucoup de poissons, mais si vous mettez 1 kilo de poissons dans 10 litres d'eau, autant cuisiner avec votre eau de vaisselle, ça fera pareil.

Videz, écaillez et coupez en morceaux vos poissons. Faites revenir au fond d'une marmite tous les légumes pelés, émincés ou écrasés avec les aromates, sauf le safran, dans un peu d'huile. Ajoutez 10 litres d'eau et portez à ébullition. Versez alors les morceaux de poissons, le safran, et faites cuire pendant 20 minutes à gros bouillons.

La soupe de poissons est un consommé et non un velouté ou pire une purée comme on en trouve parfois. L'un d'entre nous a même acheté

un pressoir à fruits en bourgogne pour pouvoir presser sa soupe à la perfection.
Dans ce savoureux bouillon faites cuire des vermicelles et versez sur des croûtons frottés d'ail avec une rouille pas trop piquante qui masquerait le goût.
Cette soupe servira de fond pour les autres plats de la mer et notamment pour la bouillabaisse.

Henri, Jean-Pierre et les autres
Patrons-pêcheurs à Saint-Tropez

Bouillabaisse du pêcheur

300 g de poissons par personne
3 belles seiches (500 g)
2 ou 3 grains d'ail
1 oignon
1 g de safran
2 pommes de terre par personne

Pour avoir de beaux poissons, il faut se lever de bonne heure, c'est le seul secret de cette recette. Vous rentrerez alors avec rascasse, rouget, saint-pierre, tourdereau, vivre, congre et murène de premier choix. N'oubliez pas un morceau de lotte (tendre et sans arête) pour les enfants. *A priori*, un poisson par personne, plus un morceau de gros poisson blanc.
Si vous avez des seiches, faites-les blanchir quelque temps avant de cuire la bouillabaisse car le temps de cuisson étant de 20 minutes, c'est insuffisant pour les attendrir. Coupez-les en quatre ou cinq morceaux.
Coupez l'oignon en rondelles, l'ail en petits morceaux (vous pouvez faire revenir ou non) et les pommes de terre épluchées et coupées en

quartiers. Rassemblez dans un grand plat légumes et poissons, saupoudrez de safran, arrosez d'huile et laissez macérer pendant une demi-heure.
Dans le fond de la marmite, déposez les pommes de terre avec le jus. Si vous couvrez d'eau ajoutez encore un peu d'ail, d'oignon et de safran. Si vous utilisez la soupe de poissons, c'est inutile.
Portez à ébullition et alors seulement mettez les poissons en veillant à ce que les plus tendres soient sur le dessus. Pour qu'ils ne se démolissent pas pendant la cuisson enveloppez-les dans un tulle avant de les plonger dans le bouillon. Faites-vous aider pour les sortir de la marmite. Sur le plat, repoussez le tulle sous les poissons et garnissez de pommes de terre.
Au bout de 20 minutes vérifiez la cuisson des pommes de terre. Dès qu'elles sont cuites, le plat est prêt.
Inutile de vous dire que le bouillon peut être servi seul ou avec, et que de toute façon, il sera toujours bon à quelque chose.

Henri, Jean-Pierre et les autres
Patrons-pêcheurs à Saint-Tropez

Poisson en papillote

300 g de poisson par personne
feuilles d'aluminium
sel, poivre
citron, tomate
ail, oignon

Plus personne ne supporte les odeurs de friture dans la maison, aussi il ne reste plus que les papillotes. Et vous pouvez cuisiner n'importe quel poisson de cette façon.

Ayez des feuilles d'alu suffisamment grandes pour envelopper le poisson et sa garniture.

Hachez très finement 50 g d'oignon et 2 ou 3 grains d'ail. Si vous aimez le citron, mettez seulement un peu de pulpe. Quelques rondelles de tomate sans exagération. Pensez que si vous en mettez trop, vous mangerez une salade et non du poisson, surtout si vous ajoutez thym et fenouil et que sais-je encore par simple habitude. Sel, poivre avec modération et refermez la papillote hermétiquement mais en laissant de l'air.

Passez au four 20 minutes à 250°.

Henri, Jean-Pierre et les autres
Patrons-pêcheurs à Saint-Tropez

Sardines en escabèche

1 kg de sardines fraîches
1 gros oignon émincé
1 carotte en rondelles
1 gousse d'ail écrasée
1/2 litre de vinaigre rouge
1 brin de thym
huile, sel, poivre
1 feuille de laurier
1 terrine ou un pot en grès

Nettoyez et videz les sardines. Levez l'arête principale. Dans la poêle bien huilée, faites-les frire 3 à 4 minutes, égouttez-les sur du papier absorbant et déposez-les au fur et à mesure au fond du pot. Faites ensuite suer l'oignon (rendre translucide) puis les rondelles de carotte, enfin l'ail et les herbes. Conservez toujours l'huile de cuisson qui a servi pour les sardines. Retirez du feu et versez doucement le vinaigre. Remontez sur le feu pour amener à ébullition et maintenez 10 minutes.
Versez bouillant dans le pot et gardez 3 ou 4 jours avant de servir.

Thierry et Lulu
Boulistes-pêcheurs et vice-versa

Thon à la provençale

2 belles darnes
200 g d'oignons
500 g de tomates
huile d'olive
thym, laurier
1 ou 2 grains d'ail
farine, sel, poivre

Dans une cocotte, faites fondre à feu doux les oignons émincés, les tomates pelées et épépinées avec le thym et le laurier. Remuez doucement.

Pochez 2 minutes les darnes dans de l'eau bouillante, égouttez-les puis passez-les dans la farine avant de les faire roussir dans une poêle bien huilée. Déposez les tranches de poisson sur les légumes, salez et poivrez, ajoutez l'ail et laissez mijoter à feu doux pendant un quart d'heure.

Selon le goût de chacun, on peut ajouter le jus d'un demi-citron et des olives noires dénoyautées. Servez avec un riz blanc.

Thierry et Lulu
Boulistes-pêcheurs et vice-versa

Thon frais rôti

1 tranche de thon frais d'environ 1 kilo
1 verre de vin blanc sec
1/2 verre d'huile d'olive
2 tomates
250 g de champignons de Paris
1 dizaine de petits oignons frais
100 g d'olives noires
50 g de beurre
1 brin de thym, estragon
sel, poivre

Epluchez les oignons. Lavez les champignons sous le robinet et émincez-les s'ils sont gros. Dénoyautez les olives. Pelez, épépinez et coupez les tomates en gros morceaux. Au fond d'une cocotte en fonte, faites chauffer l'huile d'olive avec une noix de beurre et faites frire la tranche de thon. Salez et poivrez. Faites dorer les deux faces puis baissez le feu. Laissez mijoter environ 15 minutes sans couvrir. Au bout de ce temps, déglacez avec le vin blanc et ajoutez les morceaux de tomates, un peu de thym, quelques feuilles d'estragon, les champignons, les olives noires et les petits oignons. Laissez mijoter encore 30 minutes.

Philippe et Georgette
La retraite, mais pas trop loin du Vieux Port

Cabrole en sauce

1 cabrole d'au moins 1 kg
1 brin de thym
2 feuilles de laurier
1 oignon, 4 ou 5 tomates
huile d'olive
sel, poivre
2 ou 3 grains d'ail

La cabrole n'est autre chose que l'araignée de mer. On l'appelle aussi espinasse.
Commencez par préparer la sauce tomate en faisant revenir ail et oignon hachés grossièrement. Pendant ce temps pelez les tomates après les avoir plongées dans de l'eau bouillante pour faciliter le travail. Salez, poivrez et parfumez de thym et de laurier.
On attaque maintenant le plus dur et le plus long. Commencez par brosser la carapace de la cabrole pour la débarrasser de toutes les impuretés (vase, algue, sable…).
Ensuite, prenez fermement la carapace d'une main et les pattes de l'autre et arrachez le corps. Pour éviter les états d'âme, pensez au régal que constitue ce plat et dites-vous que l'opération ne

dure pas longtemps. Cassez les pattes et coupez le corps en deux. Toute l'opération doit se faire au-dessus de la marmite où cuisent les tomates. Les jus et les différents morceaux tombent au fur et à mesure dans la sauce.
Laissez cuire 15 minutes puis récupérez les morceaux de cabrole et laissez-les refroidir. Laissez cuire la sauce.
Il faut maintenant récupérer la chair de l'animal. Cassez, grattez, prenez de la peine et du temps vous serez récompensé.
Remettez les morceaux de chair dans la sauce au fur et à mesure. quand c'est terminé, faites cuire du riz ou des pommes de terre et nappez généreusement de sauce qui aura cuit tout le temps à feu doux.

Henri, Jean-Pierre et les autres
Patrons-pêcheurs à Saint-Tropez

Soupe de moules

Pour 4 personnes :
1 kg de moules
1 verre de vin blanc
3 tomates, 1 carotte
1 oignon, 1 poireau
1 gousse d'ail
50 cl de fumet de poisson
20 cl de crème fraîche
5 cl d'huile d'olive
1 g de safran
quelques brins de thym frais
sel, poivre

Choisissez des moules bien fermées. Grattez les moules et ébarbez-les si ce n'est déjà fait, sous le robinet d'eau froide. Versez-les dans une grande cocotte, ajoutez le vin blanc, couvrez et laissez cuire 3 minutes en remuant de temps en temps. Laissez-les refroidir, enlevez les coquilles et filtrez le jus au tamis. Pelez les tomates après les avoir plongées dans l'eau bouillante pour faciliter l'opération, coupez-les en morceaux grossiers.

Préparez une sauce en faisant suer l'oignon et le poireau émincés (translucides), la carotte coupée en rondelles dans un peu d'huile d'olive et à couvert pendant 5 minutes. Ajoutez l'ail écrasé, les tomates et le thym. Mouillez avec le jus des moules et ajoutez le fumet de poisson. Laissez cuire 30 minutes. Ajoutez ensuite la crème fraîche, le safran puis laissez réduire tout en goûtant pour rectifier l'assaisonnement. Enlevez le thym. Répartissez les moules dans les assiettes et versez la soupe.

Thierry et Lulu
Boulistes-pêcheurs et vice-versa

Rougets au pastis

4 rougets
20 g de beurre
sel, poivre
un verre de pastis
30 cl de vin blanc sec
100 g de crème fraîche
1 jaune d'œuf

Videz et nettoyez les rougets. Beurrez un plat à gratin. Déposez les poissons, mouillez de vin blanc, de pastis, assaisonnez de sel et de poivre et enfournez à 200°. Faites cuire 15 mn. Dressez les poissons sur le plat de service et gardez au chaud.

Dans une petite casserole, faites réduire le jus de cuisson de moitié puis, hors du feu, ajoutez la crème fraîche et le jaune d'œuf. Faites diminuer sur un feu très doux et rectifiez l'assaisonnement. Arrosez le poisson avec cette sauce parfumée et servez accompagné de pommes vapeur.

Thierry et Lulu
Boulistes-pêcheurs et vice-versa

Grand aïoli

200 g de morue salée par personne
légumes divers : chou-fleur, artichauts, haricots verts, pois chiches, carottes, pommes de terre
1 œuf dur par personne
petits gris
thym, fenouil

Faites dessaler la morue dans plusieurs eaux 24 heures à l'avance. Avant de la servir, pochez-la avec un rameau de fenouil. Pour les petits gris, faites-les jeûner une dizaine de jours avant de les cuire dans l'eau bouillante parfumée de thym. Faites aussi cuire à l'eau les différents légumes. Faites en sorte d'avoir des légumes en cuisson tout au long du repas. Servi avec un aïoli, c'est un repas complet. D'ailleurs, de nos jours, le nom d'aïoli désigne tout aussi bien le plat que la sauce.

René Quenin
Huile d'olive - Moulin du Mas des Barres

Brandade de morue

1 kg de filets de morue
1 oignon
6 gousses d'ail
10 cl de lait
50 cl d'huile d'olive
bouquet garni
une pincée de muscade
une pincée de poivre

La veille, mettez la morue à dessaler dans de l'eau froide. Changer l'eau 2 fois. Coupez la morue en morceaux en enlevant les arêtes mais pas la peau et mettez-les dans une casserole. Ajoutez l'oignon émincé, le bouquet garni et les gousses d'ail. Couvrez d'eau et faites cuire. Au bouillon, retirez du feu et pochez 10 minutes. Egouttez la morue et pilez au mortier avec la moitié de l'huile bouillante, la muscade et le poivre. Quand le mélange est onctueux, versez dans un plat de cuisson et mettez dans un bain-marie. Ajoutez le reste d'huile chaude et le lait tiédi en remuant tout le temps. Servez chaud avec des croûtons ou accompagné de pommes de terre cuites à la vapeur.

Claude Pirié
Coureur des bois

Daurade au four

500 g de pommes de terre
200 g d'oignons
500 g de tomates
200 g d'olives
thym, fenouil
sel, poivre
huile d'olive

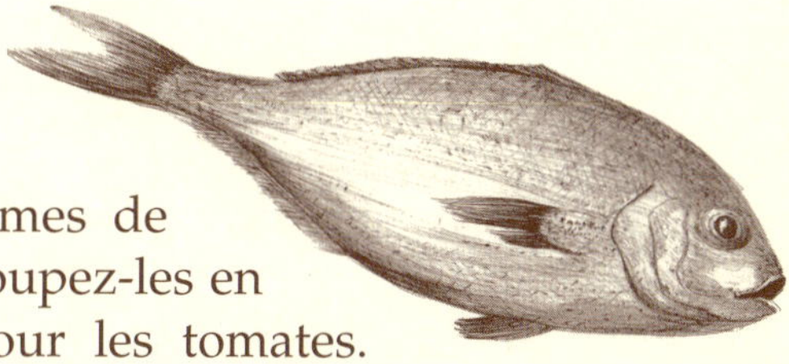

Epluchez les pommes de terre et les oignons et coupez-les en rondelles. De même pour les tomates. Versez de l'huile dans le lèchefrite. Ajoutez les légumes et les herbes, sel, poivre. Faite cuire un quart d'heure. Poser la daurade vidée écaillée par dessus et faite cuire une demi-heure pour une daurade de 1 kg. Arrosez pendant la cuisson. Au moment de servir glissez 2 ou 3 cuillères de jus de cuisson frissonnant à l'intérieur du poisson. Servez entouré de légumes.

Thierry et Lulu
Boulistes-pêcheurs et vice-versa

Daurades au coulis de favouilles

Pour 8 personnes :

1,5 kg de filets de daurade
1 kg de favouilles (petis crabes de rocher)
500 g d'oignons
1 verre de pastis
1 verre d'huile d'olive

Dans une sauteuse, faites chauffer un verre d'huile d'olive et jetez dedans les oignons émincés ainsi que les favouilles encore vivantes. Faites revenir sur un feu vif jusqu'à ce que les crabes prennent couleur. Ajoutez le pastis et couvrez d'eau. Laissez bouillir à feu vif pendant 15 minutes puis mixez le tout. Remettez sur le feu et portez à ébullition. Maintenez le bouillon une demi-heure pour le faire diminuer. Passez au chinois et laissez réduire encore à feu doux pour obtenir une crème un peu liquide.

Faites cuire les filets de daurade à la vapeur environ 15 minutes et servez-les nappés du coulis de favouilles.

Thierry et Lulu
Boulistes-pêcheurs et vice-versa

Chèvres à l'huile d'olive

Choisissez des fromages affinés de 10 à 15 jours.Vous pouvez les mettre dans des petits ou des grands bocaux pourvu qu'ils soient bien couverts. Par goût, je choisis la sarriette et une feuille de laurier pour les parfumer.
Laissez reposer dans un bocal fermé hermétiquement pendant une semaine avant de déguster.
Au-delà d'une semaine, seuls les gosiers les plus rudes peuvent les consommer.

Marguerite Audier - Goûters à la ferme
Commanderie de Saint-Maymes

Fromage frais aux fruits rouges

1 faisselle d'environ 30 g par personne
fruits rouges du pays
liqueur de pêche
1 cuillère à soupe de miel

Incorporez le miel à une faisselle de chèvre bien frais. Fouettez pour avoir une crème légère et ajoutez les fruits rouges du moment : framboises, groseilles, cassis.
Arrosez de liqueur juste avant de servir.

Marguerite Audier - Goûters à la ferme
Commanderie de Saint-Maymes

Pompe à l'huile

1 kg de farine
350 g de sucre
20 g de levure
2 cuillères à soupe d'eau de fleur d'oranger
20 cl d'huile d'olive
zeste d'orange ou grains d'anis

Diluez la levure dans un peu d'eau tiède. Mélangez la farine et le sucre et creusez-les en fontaine sur le plan de travail. Versez l'eau de fleur d'oranger, l'huile et la levure.
Pétrissez longuement avec le zeste ou l'anis jusqu'à ce que la pâte ne colle plus aux doigts. Mettez-la en boule et laissez-la lever pendant 3 heures dans un endroit chaud.
Aplatissez la boule pour en faire une galette et entaillez-la de par en par en différents endroits. Faites cuire à four chaud (160°) pendant 25 minutes.

Marinette
Moi, je vous le dis…

Nougat noir

Pour 7 kg de nougat :

5 kg d'amandes fraîches non émondées
3 kg de miel toutes fleurs
1 kg de sucre roux
zeste d'orange
1 verre à liqueur d'eau-de-vie
pain azyme
un moule rectangulaire à bord de 2 cm

La quantité paraît importante, pourtant quand vous aurez fait goûter votre nougat à votre entourage, il ne vous restera plus grand chose à vous mettre sous la dent. Ce produit se confectionnait dans toutes les maisons et fait partie des 13 desserts de Noël (voir p. 32).
Faites griller les amandes avec leur peau pendant un quart d'heure dans un four à 120°.
Faites fondre et portez à ébullition le miel mélangé au sucre roux. Faites cuire jusqu'au grand cassé (voir p. 184) et baissez le feu.
Ajoutez les amandes, râpez le zeste d'orange (petit plus local) et l'eau-de-vie (autre petit plus). Maintenez et mélangez sur feu doux pendant 5 minutes.

Tapissez le moule de pain azyme que vous obtiendrez auprès de votre pâtissier. Versez la pâte en une couche qui doit faire environ 2 cm. Recouvrez à nouveau de pain azyme et disposez par-dessus une ou des planchettes de bois avec un poids pour bien répartir la pâte. Dernier conseil, découpez en barres avec un couteau lorsque la pâte est encore tiède, froid, il sera trop dur et s'émiettera.

Silvain - Paysan nougatier
Sarl Créamande

Nougat blanc

Faites griller légèrement 500 g d'amandes et gardez-les chaudes. Battez 3 ou 4 blancs d'œufs en neige bien ferme et réservez. Dans une bassine, faite cuire 300 g de sucre avec un verre d'eau. Faites cuire au grand boulé (voir cuisson du sucre p. 184). Dans une autre bassine et dans le même temps vous faites cuire du miel en même quantité et à la même cuisson. Mélangez les 2 sirops et incorporez les blancs d'œufs. Travaillez sur un feu très doux en mélangeant sans arrêt. Incorporez les amandes encore chaudes et procédez ensuite comme pour le nougat noir. Cette recette est donnée à titre indicatif car elle demande une grande maîtrise dans la cuisson du sucre et du miel, un matériel adapté, sinon elle vous expose à de grandes déceptions.

Didier et Jacqueline
Peintres gourmands

Cocos à l'anis

250 g de sucre
250 g de farine
2 œufs
sel
anis vert

Mélangez le sucre et la farine et ajoutez les blancs d'œufs. Ajoutez une pincée de sel et une poignée de grains d'anis vert. Pétrissez le tout et faites une abaisse de pâte au rouleau.
Découpez des ronds avec un verre, ou toute autre forme qu'il vous plaira. Déposez sur la plaque du four et faites cuire à feu doux pendant 20 minutes.

Didier et Jacqueline
Peintres gourmands

Oreillettes ou merveilles

500 g de farine (et plus pour sécher la pâte)
5 œufs
1 verre de lait
60 g de sucre
eau de fleur d'oranger
zeste de citron ou d'orange finement râpé
1 sachet de levure
vanille en poudre ou liquide

Battre les œufs, le lait, le sucre et l'eau de fleur d'oranger. Citron, orange, vanille, levure. Ajouter la farine et mélanger. Il faudra très certainement rajouter de la farine afin d'avoir une pâte qui ne colle pas aux doigts et que l'on puisse étaler au rouleau le plus fin possible. Après l'avoir laissé reposer 3 à 4 heures, dans un endroit tempéré, on l'étale et on coupe des triangles avec une petite roulette dentelée. On fait chauffer l'huile, un volume assez important, dans une poêle et lorsque celle-ci est prête, on y met à cuire les triangles qui vont gonfler. On les égoutte alors avec du papier absorbant et on les saupoudre de sucre en poudre. Les oreillettes étaient servies lors des veillées. Elles restent toujours présentes le soir de Noël car elles font partie des 13 desserts.

Liliane Caizergue
Auberge paysanne - La Crémaillère

Chichi fregi

1/2 sachet de levure chimique
500 g de farine
1 pincée de sel
eau de fleur d'oranger
sucre en poudre

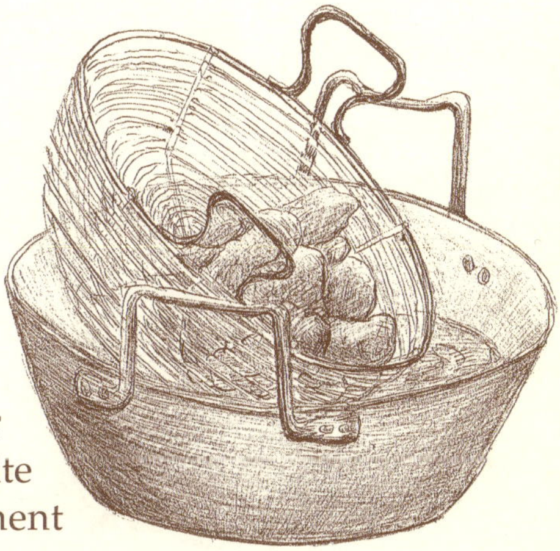

Délayez la levure dans un demi-verre d'eau tiède. Ajoutez le sel, un trait d'eau de fleur d'oranger et pétrissez la pâte en mouillant régulièrement d'eau tiède jusqu'à ce que vous obteniez une pâte souple et lisse. Laissez-la reposer pendant une heure.
Pendant que l'huile chauffe dans la friteuse, préparez la pâte en boudin de la grosseur du pouce. Plongez dans l'huile bouillante en les enroulant en colimaçon. Coupez en morceaux et roulez dans le sucre.

Philippe et Georgette
La retraite, mais pas trop loin du Vieux Port

Navettes

750 g de farine
50 g de beurre
350 g de sucre
3 œufs
1 verre d'eau de fleur d'oranger
1 pincée de sel
1 zeste de citron râpé

Mélangez sucre et farine. Incorporez le beurre ramolli du bout des doigts avec une pincée de sel et le zeste râpé. Cassez les 2 œufs par dessus et continuez à pétrir en versant l'eau de fleur d'oranger. Quand la pâte est bien lisse, formez des boudins effilés aux 2 extrémités de la grosseur qu'il vous plaira. Fendez de la pointe du couteau d'un bout à l'autre sans séparer les côtés. Dorez avec l'œuf restant.
Faites cuire à 160° au moins un quart d'heure. Retirez au fur et à mesure qu'elles prennent une belle couleur.

Didier et Jacqueline
Peintres gourmands

Macarons

amandes douces
œufs frais
sucre en poudre

Pilez le sucre avec les amandes. Il est indispensable d'avoir un bon mortier. Mélangez le double de poids de sucre à celui des amandes. Passez au tamis pour récupérer le plus gros et repassez au mortier jusqu'à ce que le mélange soit homogène. Incorporez, toujours dans le mortier, 5 ou 6 blancs d'œufs (tout dépend de la grosseur des œufs) jusqu'à ce que vous ayez une pâte assez collante. Avec une cuillère à soupe répartissez en petits tas assez espacés car ils vont s'étaler sur du papier sulfurisé et passez dans un four très doux, laissez à peine dorer.

Françoise Fayet
Les plus beaux légumes du Midi

Gâteau des rois

Pour 10 personnes :

500 g de farine
200 g de sucre
une pincée de sel
4 œufs
25 g de levure
150 g de beurre
100 g d'écorce d'orange confite
50 g de confiture d'abricot
50 g de fruits confits

Dans une terrine, mélangez la farine, le sucre, le sel, les œufs battus et l'écorce d'orange confite hachée. Ajoutez ensuite la levure diluée dans un peu d'eau tiède et le beurre ramolli. Mélangez vite et bien pour obtenir une pâte assez ferme. Laissez-la lever dans un saladier pendant la nuit. Le matin, faites-la retomber en la battant vigoureusement. Laissez reposer 10 minutes, puis formez une couronne sur la plaque du four graissée. Faites cuire à four moyen 20 à 30 minutes. Décorez la couronne avec des fruits confits. Pour cela, faites diminuer dans une casserole la confiture d'abricot délayée dans la même quantité d'eau. Enduisez le gâteau avec un pinceau et collez dessus les fruits confits. Faites cuire à four moyen pendant 20 à 30 minutes.

Didier et Jacqueline
Peintres gourmands

Croquet aux amandes

5 cl d'eau de fleur d'oranger
125 g de farine
100 g de sucre en poudre
2 œufs
100 g d'amandes douces
1 œuf pour dorer

Mélangez le sucre et un œuf. Déposez la farine en fontaine et versez le mélange. Mélangez en mouillant avec l'eau de fleur d'oranger. Incorporez les amandes à la pâte. Abaissez la pâte à 3 centimètres d'épaisseur sur une feuille de papier sulfurisé. Dorez avec l'œuf battu. Passez au four chaud 5 minutes. Laissez refroidir et quand c'est tiède découpez en gros cubes.

Croquants aux amandes et aux figues

1 verre de farine
1 verre de sucre
1 verre d'amandes grillées
quelques figues sèches
3 œufs
1/2 sachet de levure
du sucre vanillé

Mélanger tous les ingrédients, rajouter les amandes, étaler sur une plaque allant au four et faire cuire pendant 10 à 15 minutes à 180°. Sortir les croquants, les découper et les remettre quelques minutes au four pour finir de les sécher. Se conserve très bien dans une boîte hermétique.

Liliane Caizergue
Auberge paysanne - La Crémaillère

Flan au romarin

Pour 5 à 6 ramequins :

reines-claudes
1 litre de lait
œufs
sucre
2 cuillères à soupe de miel
quelques brins de romarin

Choisissez des reines-claudes bien sucrées, coupez-les en morceaux et garnissez le fond de chaque ramequin.
Faites bouillir le lait et faites infuser le romarin puis passez au tamis pour en retirer les brins.
Ajoutez le sucre, le miel et les œufs. Versez l'appareil dans chaque ramequin et faites cuire au bain-marie.
Vous pouvez aussi cuire vos flancs au micro-onde. Trois minutes à température maximun pour trois ramequins. Prolongez quelques instants si la cuisson n'est pas suffisante.

Pierre et Monique Vadon
Ferme équestre - Mas Saint Germain

Crème brûlée

Pour 12 personnes :
6 œufs entiers et 6 jaunes d'œufs
3/4 de litre de lait
750 g de crème fleurette
150 g de sucre en poudre
3 gousses de vanille
cassonade

Cassez tous les œufs dans un saladier, ajoutez les jaunes et 150 g de sucre. Faites blanchir le mélange en fouettant.
Dans une casserole, faites chauffer le lait avec la crème fraîche et la vanille. A ébullition, versez cette crème dans le saladier en mélangeant avec le premier appareil et cela de façon progressive.
Filtrez et répartissez la crème dans les ramequins. Faites cuire au bain-marie à 160° pendant 25 minutes.
Laissez refroidir, saupoudrez de cassonade et passez au grill pour caraméliser.

Michèle et Yves Aquadro
Domaine de la Fouquette

Cake de tonton André

175 g de beurre, 125 g de sucre
3 œufs, 250 g de farine
1/2 sachet de levure, 1 pincée de sel
20 à 25 morceaux de citre confit
1 sachet de pignons
1 doigt de gingembre râpé

Travaillez le beurre à la fourchette jusqu'à la consistance de pommade. Ajoutez le sucre en 3 fois en battant vigoureusement. Ajoutez les œufs un à un puis la farine, le gingembre, la levure et le sel. Mélangez jusqu'à ce que vous obteniez une pâte lisse puis ajoutez les pignons (gardez-en quelques-uns pour la décoration). Versez une partie de la pâte dans un moule beurré, disposez des morceaux de citre, ajoutez de la pâte, encore du citre et terminez par de la pâte décorée des pignons réservés à cet effet.
Enfournez dans le four préchauffé th. 6 pendant 15 minutes puis 30 minutes sur th. 4 et terminez la cuisson sur th. 3 pendant un quart d'heure. Vérifiez la cuisson de la pointe du couteau et prolongez-la si nécessaire sur th. 3. Laissez refroidir avant de servir.

André Camous
Ferme de découverte - Mas de Gréoux

Gâteau au yaourt

1 pot rempli de fromage frais
3 œufs
4 pots de farine
3 pots de sucre
1 sachet de sucre vanillé
1/2 sachet de levure
1/2 pot d'huile d'arachide

Comme vous pouvez le constater après avoir lu la liste des ingrédients, le gâteau ne contient pas de yaourt, mais un pot en verre constitue une excellente mesure pour doser les produits.
Ici, il suffit de mélanger tous les ingrédients de façon bien homogène.
Huilez un moule, versez la pâte et faites cuire une demi-heure dans un four bien chaud (180°).
Vérifiez la cuisson de la pointe du couteau.

Marguerite Audier - Goûters à la ferme
Commanderie de Saint-Maymes

Gâteau de marrons

1 kg de châtaignes
375 g de sucre
250 g de beurre
1 verre d'eau

Commencez par faire cuire les châtaignes et décortiquez-les de leurs différentes peaux. Passez la pulpe à la moulinette d'abord avec une grosse grille puis avec une fine.
Dans une casserole, faites fondre le beurre, le sucre, ajoutez l'eau et mélangez la pulpe. Travaillez sur un feu doux pour ne pas cuire la crème. Versez l'appareil dans un moule à cake et laissez prendre dans le réfrigérateur.
Servez arrosé de chocolat chaud.

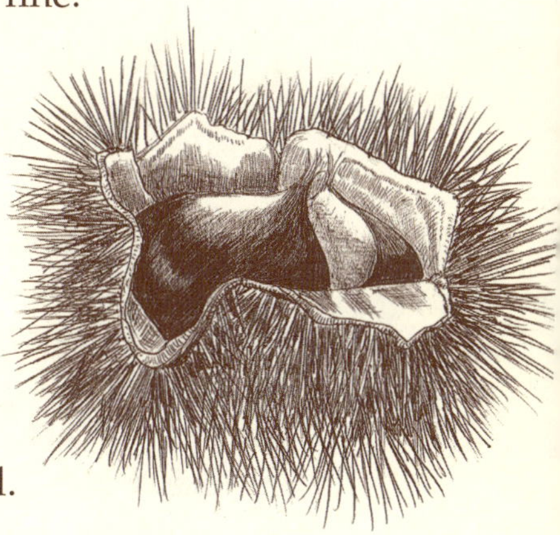

Michèle et Yves Aquadro
Domaine de la Fouquette

Le Ventoux

3 à 4 jaunes d'œufs
1 œuf entier
1 cuillère à soupe de farine
200 g de pâte d'amandes
150 g de miel
250 g de crème fraîche

Pour la meringue :
3 blancs d'œufs
150 g de sucre

Pour la pâte de fond :
pâte sablée
pignons de pin

Mélanger tous les ingrédients de la première partie. Foncer un moule avec la pâte sablée, rajouter le mélange. Préchauffer le four à 200° pendant 10 minutes. Enfourner la tarte. Lorsque le mélange commence à prendre en surface, y répartir les pignons de pin et remettre au four jusqu'à complète cuisson. Surveiller que les pignons de pin ne brûlent pas. Lorsque la

tarte est cuite, la sortir du four. On aura préparé une meringue qui sera répartie sur l'ensemble de la tarte. Remettre au four environ 10 à 15 minutes. Sortir la tarte lorsque la meringue est bien dorée.
Bonne dégustation.

Liliane Caizergue
Auberge paysanne - La Crémaillère

Tarte tropézienne

Pour la génoise :

180 g de crème fraîche liquide
180 g de farine
30 g de sucre
1 œuf
15 g de levure
1 pincée de sel

Pour la crème fouettée :

25 cl de crème fraîche
sucre glace
250 g de sucre
1 cl de kirsch

Pour la crème pâtissière :

2 jaunes d'œufs
3 cuillères à soupe de sucre
1/4 de litre de lait entier
1 cuillère à soupe de Maïzena
1 feuille de gélatine

Préparer une crème pâtissière, ajouter la gélatine quand la crème est encore bouillante. Préparer une crème fouettée (monter la crème

fraîche comme pour une chantilly mais stopper juste avant le stade de la chantilly). Etaler la pâte à brioche sur une épaisseur de 2 cm. En garnir le fond d'un moule à génoise.
Laisser lever (la pâte doit doubler de volume) avant de mettre au four. Couper la brioche refroidie en deux dans le sens horizontal et l'arroser d'alcool. Mélanger la crème pâtissière et la crème fouettée. Garnir la brioche. Reconstituer le gâteau et le saupoudrer de sucre glace. Garder au frais jusqu'au moment de servir.

Françoise Fayet
Les plus beaux légumes du Midi

Figues à la crème

4 figues par personne
50 g de beurre
1 pot de crème fraîche
sucre en poudre

Choisissez des figues bien mûres et aplatissez-les sans les faire éclater.
Dans la poêle, faites-les revenir doucement dans un peu de beurre. Réservez les figues en les gardant tièdes. Versez une cuillère à soupe de sucre dans le beurre fondu et laissez dorer. Quand la sauce commence à brunir ajoutez la crème fraîche. Vous obtenez une crème anglaise un peu rousse.
Déposez au moins 4 figues dans chaque assiette et nappez de crème chaude. Servez aussitôt.

Michèle et Yves Aquadro
Domaine de la Fouquette

Gâteau au fromage

Pour la pâte :

125 g de farine, 5 g de sel
65 g de beurre, 1 œuf
50 g de sucre, 5 cl d'eau

Pour la garniture :

2 fromages blancs (150 g chacun)
6 œufs
150 g de sucre
2 paquets de sucre vanillé

Mélangez tous les ingrédients dans un bol pour réaliser la pâte. Laissez-la reposer une demi-heure et foncez votre moule à tarte.
Séparez les jaunes des blancs et battez-les avec le sucre jusqu'à ce que la crème blanchisse. Incorporez les fromages coupés en petits morceaux et en battant fermement pour rendre le mélange homogène. D'autre part, montez les blancs en neige.
Faites préchauffer le four pendant que vous incorporez les blancs à la crème en mélangeant doucement. Versez sur la pâte et faites cuire pendant 35 à 40 minutes à 180°.

Marguerite Audier - Goûters à la ferme
Commanderie de Saint-Maymes

Frangipane

75 g de sucre en poudre
100 g de beurre
80 g d'amandes
30 cl de lait
1 pâte brisée
4 œufs, sel

Préparez une pâte brisée (voir p. 49). Epluchez et pilez les amandes au mortier (voir p. 152). Laissez ramollir le beurre. Faites bouillir le lait.
Dans une casserole, mélangez le sucre avec 4 jaunes et 2 blancs d'œufs. Versez le lait bouillant, la moitié de beurre, sans arrêter de tourner jusqu'à ce que le mélange s'épaississe. Hors du feu, ajoutez le reste de beurre et les amandes pilées en tournant jusqu'à ce que la crème obtenue soit refroidie.
Foncez un moule à tarte et faites cuire la pâte à blanc pendant 10 minutes. Versez ensuite la crème et faites cuire un quart d'heure.

Philippe et Georgette
La retraite, mais pas trop loin du Vieux Port

Tarte aux poires

pâte brisée
4 poires
1 verre de lait
30 g de sucre
1 œuf
1 cuillère à soupe de farine
50 g d'amandes effilées

Préparez une pâte brisée (voir p. 49). Epluchez et épépinez les poires en les coupant en deux. Dans un bol préparez un appareil en mélangeant lait, sucre, œuf et farine.
Foncez un moule à tarte avec la pâte et disposez les poires par dessus côté tranche. Parsemez d'amandes effilées qui vont griller pendant la cuisson. Versez la crème sur les fruits et faites cuire dans un four chaud pendant 40 minutes.

Didier et Jacqueline
Peintres gourmands

Tarte tatin à l'abricot

Prendre un moule à tarte, y mettre du beurre, faire un caramel et le verser dans le moule avec le beurre. Y mettre les oreillons d'abricots face noyau au fond, couvrir largement et même en rajouter dessus. Ne pas avoir peur de mettre des abricots. Préparer une pâte feuilletée. Sur les oreillons, on aura pris soin de remettre un peu de copeaux de beurre et du sucre vanillé. On couvre avec la pâte feuilletée et on fait cuire au four tout doucement sans brûler la pâte dessous. Une fois la cuisson terminée on démoule la tarte en renversant celle-ci. On sert la tarte tatin à l'abricot avec de la crème chantilly ou alors avec une boule de glace à la vanille. Très bon.

Liliane Caizergue
Auberge paysanne - La Crémaillère

Confiture de quatre fruits

500 g de cerises
500 g de fraises
500 g de framboises
500 g de groseilles
2 kg de sucre

Commencez par faire un sirop au perlé (voir p 184). Ajoutez à ce moment les cerises dénoyautées. laissez cuire un quart d'heure avant d'ajouter les fraises. Dix minutes après, les groseilles et les framboises. Laissez cuire encore un quart d'heure et mettez en pots.

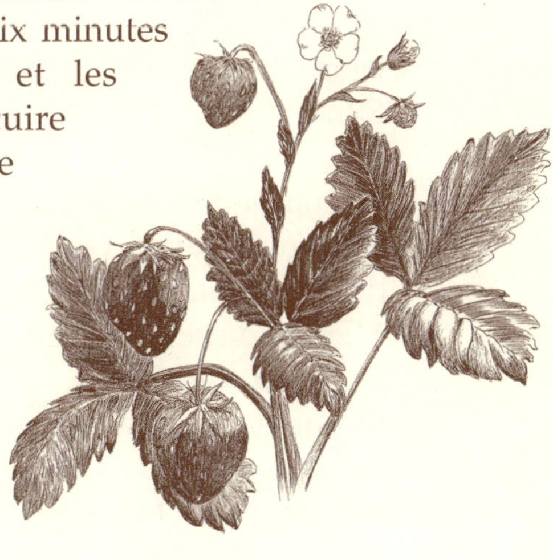

Didier et Jacqueline
Peintres gourmands

Sucres d'orge

2 cuillères à soupe d'orge perlé
1/2 citron
1 cuillère à soupe d'huile
450 g de sucre granulé
zeste de citron

Mettez l'orge dans une casserole avec 25 cl d'eau et portez à ébullition. Egouttez-le dans une passoire, rincez-le à l'eau froide.
Remettez l'orge dans la casserole avec 80 cl d'eau. Râpez finement le zeste du citron, ajoutez-le. Portez à ébullition, couvrez et laissez frémir pendant 2 h.
Filtrez le liquide en le recueillant dans un verre gradué. Pressez le citron. Ajoutez le jus obtenu et complétez avec de l'eau froide pour avoir 60 cl de liquide. Huilez légèrement une feuille de papier aluminium.
Mettez le sucre et l'eau d'orge dans une grande casserole et faites chauffer à feu doux en remuant avec une cuillère en bois jusqu'à ce que le sucre soit dissous. Portez à ébullition, et maintenez la cuisson jusqu'au filet : quelques

gouttes jetées dans de l'eau froide forment des fils très cassants.
Versez le sirop sur le papier, secouez doucement pour qu'il s'étale.
Laissez refroidir. Dès que le sirop s'est assez raffermi pour être manipulé, coupez-le en bandes étroites avec des ciseaux. Torsadez chaque bâtonnet et posez-les sur une planche jusqu'à complet refroidissement. Conservez les sucres d'orge dans un bocal hermétique.

Philippe et Georgette
La retraite, mais pas trop loin du Vieux Port

Clafoutis aux prunes

250 g de farine
3 œufs
1/2 l de lait
1 sachet de levure du boulanger
1 pincée de sel
1 cuillère à soupe de sucre
10 à 20 prunes selon variété

Battez les 3 œufs en omelette, mélangez la farine et le lait dans lequel vous aurez dilué la levure et salez. Laissez reposer 1 heure dans une pièce à 20°. Etendez dans un moule beurré la moitié de la pâte, parsemez de prunes, saupoudrez de sucre et versez le reste de pâte par dessus. Laissez reposer toujours dans une pièce à 20°. Quand la pâte a gonflé, faites cuire à 160° pendant 25 à 30 minutes.

Didier et Jacqueline
Peintres gourmands

Berlingots

250 g de sucre blanc
extraits d'anis, de citron, de menthe
chocolat râpé
cerneaux de noix concassés

Pour réaliser ces bonbons, il est nécessaire d'avoir une plaque de marbre.
Au fond d'une casserole en inox, faites un caramel (voir p. 184) que, à peine doré, vous étalez sur le marbre, ajoutez quelques gouttes d'extrait de votre choix (pour les faire aux noix ou au chocolat, mélangez dans le sucre en ébullition) et mélangez avec la lame d'un couteau.
Etirez la pâte en rondins et tronçonnez-la avec les ciseaux en alternant le sens pour avoir des faces différentes pour chaque bonbon. Travaillez rapidement et tant que le caramel est bien chaud.

Philippe et Georgette
La retraite, mais pas trop loin du Vieux Port

Nougat glacé à la bénédictine

100 g de sucre
100 g d'amandes émondées et effilées
200 g de macédoine de fruits confits
6 blancs d'œufs
60 cl de crème fraîche
250 g de miel liquide
3 cl de bénédictine

Une heure avant de commencer la préparation, mettez les fruits confits à macérer dans la bénédictine.
On prépare d'abord la nougatine. Pour cela, vous faites fondre le sucre dans une poêle en ajoutant les amandes effilées et vous laissez dorer en remuant avec une spatule. Versez alors sur une plaque huilée et laissez refroidir.
D'autre part, montez la crème en chantilly au batteur électrique et réservez au frais.
Dans un autre bol, montez les blancs en neige puis incorporez progressivement le miel.

Concassez la nougatine au pilon et incorporez à la chantilly, puis les fruits confits et ensuite les blancs en neige. Mélangez tous ces ingrédients avec une cuillère ou une spatule en tournant doucement et sans battre.
Versez cette préparation dans un moule garni de papier sulfurisé et faites prendre au congélateur.
Vous le servirez coupé en tranches accompagné d'un coulis de fruits.

Christian Richeda
Ferme-auberge - Le Vieux Pressoir

Cuisson du sucre

On distingue plusieurs stades dans la cuisson du sucre. Bien qu'il existe des pèse-sirop, on teste généralement avec le pouce, l'index et une écumoire.
Faites dissoudre 250 g de sucre avec un verre d'eau et portez à ébullition. Travaillez dans une casserole inoxidable. Gardez une attention continue tout au long de la cuisson. Ayez de la place, des gestes simples et précis qui vous éviteront brûlures ou autre accident.

A la nappe : début de la cuisson. Entre les doigts le liquide poisse sans coller, il nappe l'écumoire et s'écoule en petites gouttes.

Au lissé : le liquide s'étire en fins filets plus ou moins résistants. Idéal pour les sirops et les liqueurs.

Au perlé : les filets sont plus gros et plus résistants entre les doigts. Le sirop se détache en gouttes épaisses de l'écumoire. C'est la consistance qui convient aux confitures.

Au filet : le sirop s'étend sans se rompre mais colle toujours aux doigts.

Au soufflet : des petites bulles se forment quand on souffle à travers les trous de l'écumoire. Convient alors au glaçage des gâteaux.

Au boulet : mouillez vos doigts pour rouler en boule une goutte de sirop qui reste souple.

Petit cassé : prélevez un peu de sirop dans une cuillère et plongez-la dans l'eau froide. Il durcit et devient cassant mais colle toujours un peu.

Grand cassé : dernier stade avant coloration. Refroidi brusquement, il devient encore plus dur, cassant et ne colle plus sous la dent.

Caramel : dépassant le grand cassé, le sirop blondit puis roussit.

Sucre brûlé : au-delà, le sirop brunit et ne pourra plus servir que comme extrait ou colorant.

Confiture de citre

1 citre de 10 kg
800 g de sucre par kg
1/2 orange avec la peau
1/2 citron avec la peau

Le citre est un genre de pastèque à chair blanche très populaire en Provence.
Son poids peut varier de 2 à 15 kg, parfois plus. Choisissez donc un fruit d'environ 10 kg qui vous donnera entre 5 et 6 kg de pulpe. Pour l'obtenir, enlevez la peau et toutes les parties aqueuses et molles. Tranchez en quartiers puis en morceaux semblables à des gros morceaux de sucre.
Hachez très fin les deux moitiés de fruits. Faites macérer le tout pendant au moins douze heures dans un endroit frais.
Le lendemain, démarrez la cuisson sur un feu moyen pour avoir un petit bouillon.
Ecumez régulièrement et maintenez jusqu'à ce que les morceaux deviennent translucides. Et

c'est là que ça se complique. Pour savoir si la cuisson est terminée, on verse une cuillère de sirop sur une assiette froide. Le sirop doit filer de la cuillère et figer dans l'assiette.
Mais il vaut mieux arrêter trop tôt et si après refroidissement, le sirop est trop liquide, ramenez une nouvelle fois à ébullition.
Mettez en pots à froid.
Servez accompagnée de faisselles.

André Camous
Ferme de découverte - Mas de Gréoux

Calissons d'Aix

amandes
sucre en poudre
1 blanc d'œuf
pain azyme
sirop d'abricot ou d'orange

Prenez le même poids d'amandes que de sucre. Dans le mortier, pilez ensemble amandes et sucre. Tamisez et repassez au mortier jusqu'à avoir une poudre homogène. Tavaillez ensuite avec un sirop d'abricot par exemple. Versez dans une casserole et sur un feu moyen, faites sécher la pâte en la remuant avec une spatule en bois. Déposez des feuilles de pain azyme sur votre plan de travail. Versez la pâte dessus et étalez-la sur une épaisseur de 5 millimètres. Préparez un glaçage en battant 1 blanc d'œuf avec 100 g de sucre en poudre. Ajoutez du sucre si trop liquide, un blanc d'œuf si trop solide. Etendez la glace sur la pâte en une couche très fine. Découpez des losanges de 4 centimètres de long sur 2 de large. Arrondissez les angles pour atteindre la perfection et passez au four pour cuire quelque minutes.

Marinette
Moi, je vous le dis…

Confiture de figue

2 kilos de figues
2 citrons
sucre en poudre

Equeutez les figues et, si vous en avez le temps, pelez les fruits puis partagez-les en deux.
Faites un sirop avec 1 kilo de sucre et 1 litre d'eau. A ébullition, versez les fruits, les zestes et les jus des citrons. Faites cuire sur un petit feu pendant 1 heure à 1 heure 30 jusqu'à ce que le jus se fige sur la spatule.

André Camous
Ferme de découverte - Mas de Gréoux

Confiture de tomate verte

1 kg de tomates
700 g de sucre
2 citrons
2 cuillères à café de gingembre en poudre

Emincez les tomates le plus fin possible et disposez-les dans un grand plat. Recouvrez de sucre et laissez macérer toute la nuit.
Le lendemain, versez dans un faitout avec le jus de macération, le jus des citrons et le gingembre.
Portez progressivement à ébullition et maintenez un petit bouillon pendant 1 heure. Arrêtez la cuisson dès que le jus se fige sur une assiette froide. Répartissez dans des pots et conservez à l'abri de la lumière et de la chaleur.

Didier et Jacqueline
Peintres gourmands

Gelée de coing

Frottez les coings, enlevez le duvet et coupez-les en gros quartiers. Enlevez le cœur et les pépins et faites un nouet en les déposant sur un carré de mousseline que vous plongez dans la bassine, ceci afin d'obtenir plus de gélatine. Couvrez d'eau froide et laissez cuire jusqu'à ce que les quartiers de coings aient fondu.
Pressez la purée obtenue pour recueillir le jus, ajoutez le même poids de sucre et faites cuire à petits bouillons jusqu'à ce que le liquide nappe la cuillère de bois. Vérifiez la cuisson en versant quelques gouttes dans une assiette (voir cuisson du sucre p 184).

Françoise Fayet
Les plus beaux légumes du Midi

Vin de gelée

1 kg de restes de pulpe
1 litre de vin blanc sec
1 verre d'eau-de-vie

Lorsque vous avez fait des gelées (coings, groseilles, mûres, raisins), il reste parfois beaucoup de pulpe que vous devez jeter. Faites-les macérer 48 heures avec le vin blanc. Au bout de ce temps, filtrez-les à l'étamine (très fin) et mélangez à l'eau-de-vie. Conservez en bouteilles bouchées.

Eau de coing

6 coings
1/2 l d'alcool
500 g de sucre

Pressez les coings pour exprimer leur jus. Ajoutez-en si nécessaire pour en avoir un litre. Ajoutez l'alcool et le sucre au jus recueilli. Mélangez en agitant le flacon et laissez macérer au moins un mois. Filtrez et laissez reposer un autre mois. Servez très frais.

Claude Pirié
Coureur des bois

Liqueur de thym

Cueillez du thym frais en fleurs. Triez pour séparer les feuilles et les fleurs et éliminez le plus possible de branches qui noirciraient la liqueur.
Répartissez dans des bocaux en tassant au maximum et couvrez avec de l'alcool à 90°.
Laissez macérer 6 mois avant de filtrer avec un filtre à café.
Préparez un sirop en quantité équivalente, mélangez à froid et laissez reposer au moins 3 mois avant de déguster.

Liqueur de mûre

1 kg de mûres
2 litres d'eau-de-vie (45°)
500 g de sucre
1 litre d'eau

Dans une casserole, faites un sirop au perlé avec l'eau et le sucre (voir p. 184). Versez le sirop sur les mûres nettoyées et équeutées et laissez macérer une nuit au frais. Filtrez et ajoutez l'eau-de-vie. Laissez reposer 3 mois avant de servir.

Isabelle et Jean-Guy Rebuffel
Ferme-auberge - Quartier Riphle

Vin de noix à l'orange

3 l 1/2 de vin rouge
1/2 l d'eau-de-vie
14 noix
750 g de sucre en poudre
1 orange

Il faut des noix vertes cueillies à la Saint-Jean qu'il faut casser et une grosse orange que vous coupez en quartiers sans la peler. Mélangez tous les ingrédients et laissez-les macérer pendant 40 jours. Mélangez quand vous passez devant ou quand vous y pensez. Filtrez avec un torchon et mettez en bouteilles. Un an après vous vous féliciterez d'avoir eu le courage d'attendre aussi longtemps.

Philippe et Georgette
La retraite, mais pas trop loin du Vieux Port

Ratafia

1 litre de jus de raisin
1 litre d'eau-de-vie à 45°
500 g de sucre mouillé
1 bâton de cannelle

Egrenez du raisin et écrasez-le sur un tamis pour éliminer les pépins et la peau et obtenir un litre de jus. Mélangez et laissez macérer pendant 3 mois sinon plus. Filtrez le mélange au torchon et laissez reposer 2 ou 3 jours avant de déguster. Réalisé pendant les vendanges, il permet de se remémorer les bons moments durant les longues soirées de l'hiver.

Michèle et Yves Aquadro
Domaine de la Fouquette

INDEX

Sur les pages qui suivent, les adresses qui figurent sont celles des maisons qui nous ont reçus et constituent un tout petit échantillon de ce que vous proposera le monde rural. Au-delà de cette réserve, il est bien entendu que la qualité de leur production est indiscutable et que si, comme nous, vous partez du principe que chacun a cœur de bien faire son travail, vous découvrirez des produits d'une grande qualité et prendrez alors un réel plaisir dans ces rencontres.

Quant à la ferme-auberge; c'est la chaleur du pays offerte sur une table de campagne. Une cuisine simple et généreuse où l'on retrouve les produits de l'exploitation, la tradition d'une cuisine familiale transmise de génération en génération.
"Il arrive que certains de mes clients soient encore là à quatre heures de l'après-midi et ils me disent qu'ils sont si bien ! Je vais quand même pas les mettre dehors ?" Mais attention, prenez rendez-vous et arrivez à l'heure, c'est tellement plus simple et évite de grandes déceptions.

Merci encore à celles et ceux qui nous ont dévoilé ici quelques-uns de leurs secrets et beaucoup de leur plaisir.

Ferme-Auberge

Christian Richeda - Le Vieux Pressoir
Saint Pierre les Aubagne - 13400 Aubagne
Tél. : 04 42 04 04 30

Caroline et Vincent Soulat-Cornille
Mas des Vertes Rives - Terres des Magues
84470 Chateauneuf de Gadagne
Tél. : 04 90 22 37 10

Isabelle et Jean-Guy Rebuffel
Quartier Riphle
83840 La Roque Esclapon - Tél. : 04 94 76 80 75

Michèle et Yves Aquadro
Domaine de la Fouquette
83340 Les Mayons - Tél. : 04 94 60 00 69

Marc et Françoise Léoni - La Baugerie
83840 Le Bourguet - Tél. : 04 94 85 69 10

Auberge paysanne

Liliane Caizergue
Route du Ventoux - La Crémaillère
84410 Bédoin - Tél. : 04 90 65 69 05

France Damey
Gîte de l'Aurier - Piste des Condamines
83610 Collobrières - Tél. : 04 94 48 09 47

Ferme équestre et de découverte

Pierre et Monique Vadon - Mas Saint Germain
13200 - Arles - Tél. : 04 90 97 00 60

Françoise Peytavin - Mas de Capellane
Saliers - 13123 Albaron - Tél. : 04 66 87 45 57

Ferme de découverte

André Camous - Mas de Gréoux
13520 Maussane les Alpilles - Tél. : 04 90 54 36 77

Produits de la ferme

Silvain - Paysan nougatier
Sarl Créamande - 288, route des Pernes
84210 Saint-Didier - Tél. : 04 90 66 09 57

Goûters à la ferme

Marguerite Audier
Commanderie de Saint-Maymes
83840 Trigance - Tél. : 04 94 76 91 23

Huile d'olive

René Quenin
Moulin du Mas des Barres
13520 Maussanes-les-Alpilles
Tél. : 04 90 54 44 32

Un grand merci à tous ceux qui m'ont reçu pour me raconter leur cuisine :
Thierry et Lulu qui en savent bien plus qu'ils ne le disent, Françoise, impériale parmi ses légumes, Claude, arpenteur du Massif des Maures, Marinette au savoir encyclopédique, Jany, Didier et Jacqueline promeneurs paisibles du Vieux Port, Henri, Jean-Pierre et les autres.

Merci aux agriculteurs et éleveurs qui ouvrent leurs portes aux les gourmands que nous sommes :
A Jean-Claude, Philippe, Georgette, André, France, Liliane, Pierre, Monique, Françoise, René, Marguerite, Silvain, Christian, Caroline, Vincent, Isabelle, Jean-Guy, Michèle, Yves, Marc, Françoise.

Aux éditions du curieux pour qui chercher est une seconde nature.

A Isabelle, Louise, Ulysse et Artur, parce que c'est comme ça et puis voilà.

Achevé d'imprimer
sur les presses
de EuroGraphica Marano Vicenza - Italie
en Mai 2001
Dépôt légal 2éme trimestre 2001